- 本研究得到甘肃省基础研究计划——软科学专项项目《区块链嵌入与甘肃省县域特色农业产业链优化升级策略研究》资助，项目编号：23JRZA491
- 兰州文理学院出版基金资助
- 兰州文理学院学术文库成果

·雁苑文丛·

高质量发展阶段

西部县域农业
特色产业竞争力提升研究

王静 李德铭◎著

中国财经出版传媒集团

经济科学出版社

Economic Science Press

图书在版编目（CIP）数据

高质量发展阶段西部县域农业特色产业竞争力提升研
究/王静，李德铭著 . -- 北京：经济科学出版社，
2023. 8
（雁苑文丛）
ISBN 978 - 7 - 5218 - 4485 - 6

Ⅰ. ①高… Ⅱ. ①王…②李… Ⅲ. ①县级经济 - 农
业产业 - 竞争力 - 研究 - 西北地区②县级经济 - 农业产业
- 竞争力 - 研究 - 西南地区 Ⅳ. ①F327

中国国家版本馆 CIP 数据核字（2023）第 014291 号

责任编辑：高　波
责任校对：王苗苗　郑淑艳
责任印制：邱　天

高质量发展阶段西部县域农业特色产业竞争力提升研究
王　静　李德铭　著

经济科学出版社出版、发行　新华书店经销
社址：北京市海淀区阜成路甲 28 号　邮编：100142
总编部电话：010 - 88191217　发行部电话：010 - 88191522
网址：www. esp. com. cn
电子邮箱：esp@ esp. com. cn
天猫网店：经济科学出版社旗舰店
网址：http://jjkxcbs. tmall. com
固安华明印业有限公司印装
710 × 1000　16 开　17.5 印张　209000 字
2023 年 8 月第 1 版　2023 年 8 月第 1 次印刷
ISBN 978 - 7 - 5218 - 4485 - 6　定价：86.00 元
（图书出现印装问题，本社负责调换。电话：010 - 88191545）
（版权所有　侵权必究　打击盗版　举报热线：010 - 88191661
QQ：2242791300　营销中心电话：010 - 88191537
电子邮箱：dbts@ esp. com. cn）

前　　言

县域作为我国推动经济发展、维护社会稳定的基本单元，也是中国农业与农村经济发展的基础载体。与东部发达地区相比，西部县域的农业产业化发展整体呈现落后态势，产业规模小、产业链条短，资金缺口大、科技含量低等问题严重制约着西部县域农业产业化发展及整体实力的提升。2018 年 4 月 13 日，习近平总书记在海口市石山镇施茶村视察时指出："乡村振兴要靠产业，产业发展要有特色。"因此，西部地区大力发展县域农业特色产业，不断提升产业竞争力，不仅能够充分利用并发挥本区域自然、经济、社会的比较优势，实现县域产业结构优化演进，而且也是增强县域经济实力，助推乡村振兴的有效实施路径。基于以上背景，本书围绕高质量发展阶段西部县域农业特色产业竞争力提升问题，从西部县域为什么应该提升农业特色产业竞争力和应该如何提升农业特色产业竞争力两个方面进行了分析和讨论。

首先，关于"为什么"的问题。该部分依据农业高质量发展的内涵特征构建农业高质量发展测度指标体系并对我国农业高质量发展水平进行了整体测度；最后依据测度结果对西部农业高质量发展水平进行评价。评价结果显示，西部地区由于经济发展水平不足，其在农业效益、农业效率及农业素质评价方面都显著落后，但在农业品质方面却显示出一定的比较优势和后发优势，因此，西部地区推进农业高质量发展的关键点应当在于因地制宜，以自身农业生态资源禀赋为依托，以绿色有机的农特产品为突破口，发展农业特色产业，推动西部地区农业实现高质量发展。

其次，关于"如何做"的问题。其一，本书分析了西部县域农业特色产业竞争力的内涵及构成要素，并在此基础上构建了西部县域农业特色产业竞争力分析模型；其二，以总模型为依据，从产业要素、企业战略、需求趋势及产业政策四个方面对西部县域农业特色产业竞争力提升问题进行分析。该部分主要内容包括：

第一，产业要素对西部县域农业特色产业竞争力的影响。首先，西部县域丰富且独特的自然人文历史资源（不可流动要素）决定了特色农产品的功能性价值，从而形成了其一定区域范围内以品质声誉为保障的潜在竞争力；不可流动要素租值决定了特色农产品的市场价值，最终表现为特色农产品的实在竞争力。潜在竞争力并非实在竞争力，而要将潜在竞争力转化为实在竞争力，关键在于市场对特色农产品功能性价值及其背后不可流动要素的识别，而这种识别将决定着市场对不可流动要素的需求进而不可流动要素租值及市场价值的增加。其次，市场价值及不可流动要素租值的提升会反过来促进对不可流动要素的升级利用，而对不可流动要素更好的挖掘和利用，又会进一步带动对特色农产品功能性价值的开发和创新，从而在更高水平上实现市场价值增值。最后，依据不可流动要素建设特色农业品牌，传递不可流动要素信息，是实现市场识别，提升不可流动要素租值进而市场价值的有效手段。

第二，企业战略对西部县域农业特色产业竞争力的影响。首先，通过对西部县域农业特色产业链典型模式梳理及对竞争力形成机制进行分析发现，当前西部县域农业特色产业链竞争力的短板在于运行机制的不畅及创新机制的不足，而这种不畅和不足也使得产业链对特色资源租值的挖掘难以深化，从而也削弱了"特色"对产业链发展的核心驱动力作用。其次，通过西部县域特色农业产业链构建的关键影响因素分析，发现特色农业产业链链内交易为各主体节约交易费用越多，违约后违约赔偿金越高、链内合作长期收益较之市场长期收益越好，产业链内各主体间协调沟通机制越完善，产业链上各主体间遵照契约规定实现链内合作的概率就越大，特色农业产业链稳定良好运行的可能性也越大。这也为本书构建和优化西部特色农业产业链，提升产业链竞争力，明确了方向和着力点。最后，尝试基于区块链技术构建西部县域特色农业产业链，并提出人力资源问题和物质资源问题是目前最重要的抑制性因素。

第三，需求条件对西部县域农业特色产业竞争力的影响。首先，当特色农产品原产地被限定为西部县域这一特定地域范围时，消费责任价值也会成为影响消费者购买意愿和行为的前置变量，因此西部县域特色农产品消费者感知价值应当包括功能价值、情感价值、社会价值、区域价值以及消费者责任价值五个维度。其次，消费者对西部县域特色农产品在功能、情感、社会、区域以及消费者责任五个价值维度层面的感知均显著正向影响其购买意向。其中，功能价值对消费者购买意向的影响最显著。再次是情感价值和社会价值，区域价值和责任价值影响程度相对较弱。最后，以消费者感知价值作为细分变量对西部县域特色农产品市场进行细分得到三个细分市场分别为个人利益型子市场、社会与责任型子市场以及地理标识驱动型子市场，社会与责任型子市场消费者人数占总调研样本的43.73%，是消费群体规模最大的细分市场。通过细分市场识别，各细分市场消费群体的人口统计特征及消费方式存在显著差异。

第四，产业政策对西部县域农业特色产业竞争力的影响。本部分以定西安定区马铃薯产业为研究案例，结合"有为政府"和"有效市场"的互动机制，构建了政府与市场协同推进县域农业特色产业提档升级的分析框架。

王　静

2023 年 1 月

目　　录

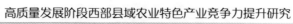

第 1 章

绪　　论

1.1　选题背景及研究意义

1.1.1　选题背景

"郡县治，天下安"，自秦始皇统一中国并推行郡县制起，中国历史上历代政权都对县域在国家社会政治稳定及经济发展中的基础性地位给予了充分的关注和重视（朱先奇，2003）。中华人民共和国成立以后，县域经济的发展与我国"三农"政策的演进紧密相连，家庭联产承包责任制的推行，乡镇企业的大力发展以及以小城镇为主导的农村城镇化建设，促使我国县域经济在农业产业化、农村工业化及县域城镇化的发展潜力不断得到释放。2002 年，党的十六大报告中首次使用"县域"这一概念，明确了县域经济在农村经济中的重要地位，并提出"发展农产品加工业，壮大县域经济"，自此推动城乡一体化成为县域发展的主要战略目标，县域经济发展成为解决"三农"问题、统筹城乡及区域协调发展的重要环节，县域经济发展进入了全新的阶段，经济大县、经济强县不断涌现，县域经济在国民经济中的地位不断得以提升。2015 年，中共中央、国务院《关于加大改革创新力度加快农业现代化建设的若干意见》中明确指出，壮大县域经济应立足资源优势，以市场需求为导向，大力发展特色产业，扶持发展一村一品，一乡（县）一业。2017 年，习近平总书记在党的十九大报告中提出要"实施乡村振兴战略"。2018 年，中央"一号文件"进一步诠释实施乡村振兴战略的总要求，即"产业兴旺，生态宜居、乡风文明、治理有效、生活富裕"。自此，乡村振兴成为新时代推动县域经济工作跨域式发展，做好"三农"工作的新的重要抓手。从乡村振兴的动力来看，无论是习总书记提出的"五个振兴"的要求，还是中央对实施乡村振兴战略的总要求，乡村产业发展已经成为推动乡村振兴战略实施的重要驱动力量。就目前我国乡村产业发展情况来看，部分东部沿海地区凭借其禀赋优势和政策差异，已经实现了率先发展。然而，中西部地区特别是西部欠发达地区的绝大部分乡村囿于其地理区位、自然环境的先天不足，产业发展起点低、基础差，产业配套能力无法满足产业转型升级的要求，难以形成稳定性高、竞争力强的产业链，且难以担负起带动乡村经济发展的重任。因此，以县域产业发展带动乡村振兴便成为西部欠发达地区推动县域经济发展，实现乡村振兴的实在着力点。

县域作为我国推动经济发展、维护社会稳定的基本单元，也是中国农业与农村经济发展的基础载体。据统计，我国全年农业总产值的 93% 和粮食总产量的 94% 都来自县域的农业生产供给①。与东部发达地区相比，西部地区的县域农业产业化发展整体呈现落后态势，产业规模小、产业链条短、资金缺口大、科技含量低等问题严重制约着西部县域农业产业化发展及整体实力的提升（杜文忠、唐贵伍，2010）。东西部地区县域农业产业化发展不平衡，实质是我国区域要素禀赋分布不均衡导致区域经济发展水平差异化格局的集中体现。林毅夫教授（2014）在其著作《新结构经济学》中提出，发展中国家应该根据其要素禀赋选择具有比较优势的产业进行发展，在政府因势利导及统筹协调下，通过地区比较优势的发挥，实现产业、技术结构的升级，进而实现区域经济的发展。这一观点为西部地区县域农业产业化发展指明了方向，也为提升产业竞争力提供了理论基础和现实途径指导。一方面，从要素禀赋的区域分布来看，西部地区由于其地理区位、自然环境等因素先天不足，难以聚集诸如资本、技术、劳动力等非天然要素禀赋，由此导致西部县域整体经济发展滞后，产业结构层次低，基础设施建设落后，城镇化水平不高、农民生活贫困。另一方面，目前，西部地区的许多县域都被称为"富饶的贫困区"（魏昭明，2004），之所以"富饶"，是因为这些区域往往拥有丰富且独特的自然资源、人文历史资源，这些是西部县域的比较优势之所在；而之所以"贫困"，则是因为没能有效地识别并利用这些比较优势，没能充分释放这些比较优势中蕴藏的经济发展潜能，且未能以此作为推动区域经济发展的重要驱动力量。2018 年 4 月 13 日，习近平总书记在海口市石山镇施茶村

---

① 佟光霁，孙纲. 中国县域农业现代化的多维路径 [J]. 学术交流，2016（07）：110 – 115.

视察时指出："乡村振兴要靠产业，产业发展要有特色。"① 县域经济是一种产业经济（李文祥，2005），而县域农业特色产业是县域经济中一个重要的产业板块。县域农业特色产业的"特色"在于以县域独特的自然资源禀赋或独特的人文环境及传统习俗为基础，形成独特的产品或服务。因此，大力发展县域农业特色产业，不断提升产业竞争力，不仅能够充分利用并发挥本区域自然、经济、社会的比较优势，实现县域农业产业结构优化演进，而且也是增强县域经济实力，助推乡村振兴的有效实施路径。

习近平总书记在党的十九大报告中指出："我国经济已由高速增长阶段转向高质量发展阶段。"相比较经济的高速增长阶段主要以国内生产总值（GDP）指标为首要关切，经济的高质量发展阶段更加注重结构的优化、系统的升级以及经济发展能否满足人民日益增长的美好生活需要。当经济社会发展到"丰裕"阶段，人民对美好生活的追求已经不再只是消费品数量的增长和品种的丰富，而是开始转化为品质的提升和个性化需求的满足。这一转变一方面为西部县域农业特色产业发展提供了契机，另一方面也从供给侧角度体现了西部县域农业特色产业发展及整体的提质增效不应简单地以量的增长和规模扩大为发展目标和衡量标准，而应该是以基于区域特色的差异化高质量发展为最终目标。因此，是否实现以及在多大程度上实现了农业特色产业的差异化高质量发展就成为西部县域农业特色产业是否具有竞争力的新的判断标准。综上所述，本书认为西

---

① 杜尚泽．习近平：乡村振兴要靠产业，产业发展要有特色［N/OL］．浙江日报，2018 - 04 - 13［2022 - 10 - 10］. https：//mq. mbd. baidu. com/r/T5gV4Eqf9C？f = cp&u = 1b4115add9199647.

部县域农业特色产业竞争力的提升应该从差异化发展和高质量发展两个方面进行诠释。首先，差异化是西部县域农业特色产业竞争力提升的前提和基础，这取决于对特殊区域属性的区域比较优势的准确把握及对区域特色的提炼，这是欠发达区域经济发展和产业升级的突破口；其次，高质量发展是西部县域农业特色产业竞争力提升的现实着力点，在买方市场环境下，消费者对产品关切的重点已经从数量表象层面转化为质量及体验感受上，因此县域特色农产品是否具有竞争力，是否能够占有市场，最终还是取决于产品的质量及感知价值差异带来的福利外溢（钟钰，2018）。鉴于此，本书以新结构经济学为基础理论，以差异化高质量为产业发展导向，构建西部县域农业特色产业竞争力模型，在"互联网＋"的产业及市场环境背景下，基于全产业链开发视角对西部县域农业特色产业的培育及竞争力提升的现实途径进行研究，以产业竞争力提升为驱动力推动西部县域农业特色产业发展，从而实现西部县域经济的可持续增长，并有效缩小县域间经济差距，进而实现区域经济的共同繁荣。

1.1.2 研究意义

1.1.2.1 理论意义

厘清产业竞争力的影响因素，找到提升产业竞争力的有效途径。依据产业竞争力来源的理论解释，可知影响区域产业竞争力的因素较多，它是在自然条件、经济条件、社会条件以及政府行为等多维度影响因子的共同作用下形成的。县域农业特色产业竞争力是一种以县域农业特色产业的培育壮大而形成的区域产业竞争力，因此，县域农业特色产业竞争力首先是一种区域产业竞争力，对区域产业竞争力提升有益的影响因素必然是培育县域特色产业竞争力的考虑范畴。与此同时，县域农业特色产业竞争力又是一种基于特色的产业竞争力，这种特色是以特殊区域属性为基础的，是以产品或服务的不可替代性为特征的，因此县域特色产业竞争力的培育，不仅应该满足区域产业竞争力提升的一般性要素要求，还应强调其特色得以形成并获得可持续发展的特殊区域属性，这是决定县域特色产业发展及竞争力提升的关键要素。本书以县域农业特色产业竞争力提升的关键性要素为切入口，厘清西部县域农业特色产业竞争力影响因素，构建西部县域农业特色产业竞争力分析的理论框架，有助于丰富区域产业竞争力的理论研究。同时，本书基于相关经济学理论，以产业经济学为主导，交叉融合了区域经济学、品牌经济学、信息经济学、营销管理学等学科理论，具有多学科复合性研究的理论意义。

1.1.2.2　现实意义

当前，我国经济发展进入新常态，经济发展由高速增长阶段转化为高质量发展阶段，不断优化产业结构，从依靠要素驱动、投资驱动转向依靠创新驱动是新常态对产业发展的必然要求。新常态下，县域农业特色产业作为县域经济发展的重要产业板块，将在推动县域经济转型升级、县域产业结构优化调整的过程中起到重要抓手作用。然而，我国西部县域在农业特色产业的培育和发展过程中，由于区域软环境和硬环境①的各种掣肘和约束，特色产业不特、特色产业不大、特色产业缺乏竞争力已成为制约县域农业特色产业发展及县域经济增长的主要问题。因此，本书以西部县域为视域，以其农业特色产业竞争力提升为研究对象，其现实意义有三点。

第一，有助于促进西部县域生产要素资源的优化配置及产业结构的合理化，实现县域经济可持续发展。

县域产业结构的优劣是衡量县域经济发展水平及发展质量的主要标志。当前，我国西部县域产业结构普遍存在以下特点：首先，产业结构单一，产业层次偏低，缺乏科技含量的传统农业在县域产业结构中仍然占据主导地位；其次，县域经济中第二产业的发展主要以农牧产品及矿产等自然资源的初级加工为主，因此产业链条短，资源消耗大，产品的技术含量及附加值低；最后，产业关联度低，第一产业与第二、第三产业融合程度不高，与东部经济发达地区相比，西部县域三大产业融合发展的新业态还处于萌芽阶段。前已述及，产业结构的优化不仅体现在产业结构的高级化，也体现在对县域自然及社会经济优势资源的合理开发和有效利用方面。因此，本书以要素禀赋结构及区域属性为切入点，研究西部县域农业特色产业竞争力提升的现实途径问题，有助于促进县域内生产要素资源的优化配置和产业结构的合理化，增强产业自生能力，即在充分发挥比较优势的作用中实现西部县域产业结构的优化及县域经济的可持续发展，进而缩小东西部县域经济发展差距，实现区域经济协调发展。

---

① 软环境是一个地区政治环境、文化环境、科技环境、生态环境、教育环境、人才环境、经济环境、法律环境的总和，承载着一个地区最重要的文化底蕴及内涵。硬环境包括交通及水电基础设施、发展空间的供给以及为生产、生活提供配套服务的相关产业的发展情况。

第二，有利于巩固产业扶贫成果，加速西部县域实现乡村振兴的步伐。

自改革开放以来，我国以制度改革推动减贫，伴随一系列重大扶贫计划与政策措施的实施，我国绝对贫困人口数量得以降低，人民生活水平得以初步提升。20 世纪 80 年代中后期，我国开始有组织地实施大规模扶贫开发战略，扶贫工作开始由帮扶救济的"涓滴式"扶贫向注重提升自生能力的"开发式"扶贫转变。产业扶贫作为我国"开发式"扶贫实践中一种有效的扶贫模式，在我国长期的扶贫实践中发挥了重要作用。然而，扶贫产业的选择缺乏科学性和合理性，产业扶贫效率不足、收益不高，产业扶贫项目带动贫困人口脱贫效应不明显等问题一直制约着产业扶贫工作的推进，弱化了产业扶贫工作的效果。党的十八大以来，精准扶贫精准脱贫被设定为我国新时期脱贫攻坚的基本方略。精准扶贫为产业扶贫注入了新的内涵，而发展特色产业，实施特色产业扶贫成为推动产业扶贫升级，实现产业扶贫精准化的重要举措和重要环节。2020 年，伴随脱贫攻坚任务的顺利完成，我国"三农"工作的重心被历史性地确定为全面推进乡村振兴。2021 年，中央"一号文件"进一步要求要巩固脱贫攻坚成果，有效衔接乡村振兴。作为"美丽的贫困县""富饶的贫困县"，西部县域扶贫工作多为"救济式"扶贫、"保障式"扶贫，缺乏长效的自我脱贫机制，脱贫程度不高，返贫风险较大。因此，持续推进县域农业特色产业发展，强化特色产业帮扶，是巩固产业扶贫成果，加速西部县域实现乡村振兴步伐的根本之策和必要之举。

第三，有利于西部县域生态环境保护，以生态环境建设的可持续性实现西部县域经济社会发展的可持续性。

　　我国地势特征为西高东低，东部县域多以冲积平原为主，地势平坦、土壤肥沃；西部县域特别是欠发达县域多分布在交通闭塞、自然环境恶劣、生存条件较差的山地、沙漠及丘陵地区。恶劣的自然地理环境及气候条件，加上部分当地民众较为薄弱的生态保护意识，造成了西部地区生态环境脆弱并导致生态环境承载能力降低，制约了西部地区经济社会的可持续发展。西部大开发战略实施以来，为落实西部地区的可持续发展，西部地区陆续推行了退耕还林、退牧还草、天然林保护、水土流失治理、防沙治沙、防护林体系建设等重要生态保护工程，局部生态环境得到了治理和改善。但值得注意的是，在西部欠发达地区，政府出于环保绩效考核等需要，对于生态环境的建设和保护，会存在"一刀切"的现象，部分禁止开发区和限制开发区的设立挤占了当地居民的生存渠道，忽略了当地经济社会发展的实际需要，导致生态环境保护与当地经济社会发展的对立态势愈演愈烈，许多西部县域经济社会发展陷入了生态环境保护与GDP考核指标两难的尴尬境地。目前，发展农业特色产业已成为西部县域提升区域经济水平的重要突破口。但是，从资源的利用和环境保护角度来看，西部县域现有农业特色产业开发基本还停留在低层次、粗放式发展模式，将对地方特色资源低层次无序开发简单地理解为就是发展特色产业，这种产业发展模式既破坏了生态环境也无法实现经济效益的提升，更无法实现地方经济社会的可持续发展。因此，培育县域农业特色产业，强调产业集约式发展，在生态环境的可承载范围内，将资源的比较优势转化为产业的竞争优势，这样才能真正做到兼顾生态效益和经济效益，实现经济欠发达县域经济社会的可持续发展。

1.2 研究内容

本书总共由 10 章构成，具体框架结构如图 1-1 所示。

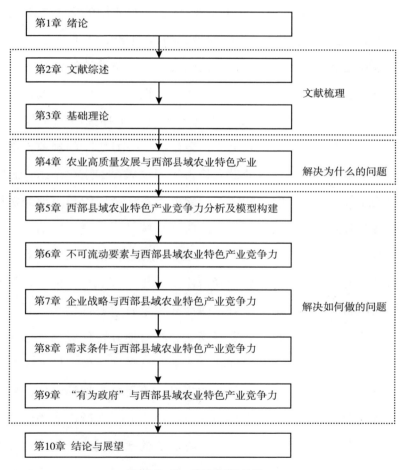

图 1-1　研究框架结构

资料来源：笔者绘制。

本书各章节基本内容概述如下：

第1章绪论。本章主要阐释本书的选题背景、研究意义，提出主要研究内容以及研究思路、技术路线和研究方法等。

第2章文献综述。对涉及"农业特色产业""县域农业特色产业""县域农业特色产业竞争力"的国内外相关文献进行梳理和述评，为本书后续研究的推进明确目标及方向。

第3章基础理论。对全书立论的理论基础进行简要论述，主要包括"产业竞争力理论""价值链理论""信息不对称理论"等，为本书撰写夯实理论基础。

第4章农业高质量发展与西部县域农业特色产业。本章首先对高质量发展进行经济学阐释，并从中国特色农业现代化演进视角分析农业高质量发展思想的形成过程，总结农业高质量发展的内涵特征；然后以农业高质量发展的内涵特征为依据，对西部地区农业高质量发展水平进行测度和评价，由此分析西部县域为什么要提升农业特色产业竞争力，其产业竞争力形成的优势是什么，不足在哪里，为后续关于产业竞争力提升研究提供路径依据。

第5章西部县域农业特色产业竞争力分析及模型构建。首先，对县域农业特色产业进行概念界定；其次，对县域农业特色产业竞争力内涵及构成进行分析；最后，针对现有竞争力分析模型的不足，借鉴波特"钻石模型"，创造性构建了西部县域农业特色产业竞争力分析的"新钻石模型"。

第6章不可流动要素与西部县域农业特色产业竞争力。本章从传统区域发展理论出发，首先，阐释不可流动要素对区域经济发展及区域特色产业选择和培育的决定性意义，并引入不可流动要素租值的概念；其次，分析特色农业品牌建设对不可流动要素租值进而特色农产品市场价值提升的作用；最后，构建基于品牌声誉的信号传递模型对西部县域农业特色产业品牌建设及竞争力实现过程中存在的问题进行探讨。

第7章企业战略与西部县域农业特色产业竞争力。企业战略的作用在于指导企业从事各种交易活动，并组织完整的企业价值链。本章首先对西部县域特色农业产业价值链典型模式进行梳理和评价；然后对西部县域特色农业产业链竞争力的形成机制进行阐释；最后分析西部县域特色农业产业链构建目标及影响因素，并在此基础上基于区块链技术进行西部县域特色农业产业链架构设计。

第8章需求条件与西部县域农业特色产业竞争力。本章内容主要分为三个部分：第一部分，对西部县域特色农产品消费者的多样化需求偏好进行分析，并构建五维度消费者感知价值模型；第二部分，基于西部县域特色农产品消费者感知价值模型研究和验证消费者感知价值对其购买意向的影响；第三部分，基于需求偏好和消费者感知价值对西部县域特色农产品消费群体进行市场细分，为西部县域农业特色产业面向不同细分市场制定差异化产品及营销策略提供参考。

第9章"有为政府"与西部县域农业特色产业竞争力。首先，基于新结构经济学要素禀赋变迁与产业提档升级的内生关系，结合"有为政府"和"有效市场"的互动机制，构建政府与市场协同推进县域农业特色产业提档升级的分析框架；其次，以定西市安定区马铃薯产业作为考察对象，从产业发展动态视角，重点探究政府在西部县域农业特色产业竞争力提升中的作用。

第 10 章结论与展望。在对本书各章主要结论进行汇总的基础上，提出了有利于西部县域农业特色产业竞争力提升的普适性建议，并就本书的不足及下一步研究方向进行说明。

1.3 研究思路、技术路线及方法

1.3.1 研究思路

伴随我国社会主要矛盾的转变及中国特色农业现代化的推进，农业高质量发展成为新时代党中央深入推进农业现代化新的方向和目标。一方面，社会主要矛盾的转变为西部县域农业特色产业发展提供了契机；另一方面，农业高质量发展又对西部县域发展农业特色产业提出了新的要求。由此，在高质量发展阶段，西部县域应该如何发展农业特色产业，实现产业竞争力的提升就成为本书的核心问题。从这一核心问题出发，本书的研究思路如图 1 – 2 所示。

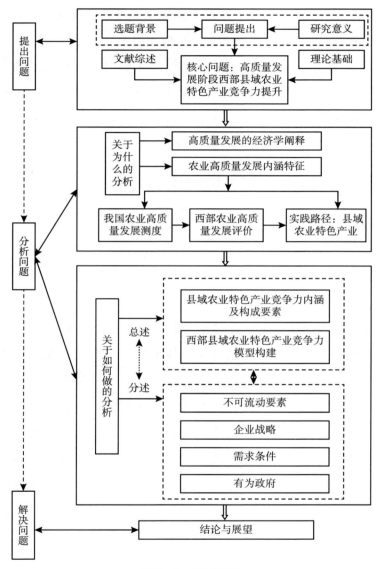

图 1－2　研究思路

资料来源：笔者绘制。

本书围绕高质量发展阶段西部县域农业特色产业竞争力提升问题，主要从西部县域为什么应该提升农业特色产业竞争力和应该如何提升农业特色产业竞争力两个方面进行了分析和讨论。

关于"为什么"的问题。该部分首先从经济学视角阐释了高质量发展的要义，并对农业高质量发展的内涵特征进行了界定；然后依据农业高质量发展内涵特征构建农业高质量发展测度指标体系，并对我国农业高质量发展水平进行了整体测度；最后依据测度结果对西部农业高质量发展水平进行评价，并针对西部地区农业高质量发展中存在的问题，提出发展县域农业特色产业，提升产业竞争力是西部地区农业高质量发展的有效实践路径。

关于"如何做"的问题。该部分采用"总—分"结构展开分析。首先，分析了西部县域农业特色产业竞争力的内涵及构成要素，并在此基础上构建了西部县域农业特色产业竞争力分析模型。其次，以总模型为依据，从产业要素、企业战略、需求趋势及产业政策四个方面对西部县域农业特色产业竞争力提升问题进行分析。其中，产业要素部分围绕不可流动要素对特色产业培育的重要意义，着重讨论特色农业品牌建设对不可流动要素租值进而特色农产品市场价值提升的作用；企业战略部分从企业战略的核心任务出发，着重分析产业价值链构建对农业特色产业竞争力提升的重要作用，并在"互联网＋"背景下，尝试设计架构基于区块链技术的新型西部县域特色农业产业价值链；需求趋势方面围绕消费者多样化需求偏好构建消费者感知价值模型，为西部县域农业特色产业面向不同细分市场制定差异化产品及营销策略进而提升市场价值提供参考和建议；产业政策方面以定西市安定区马铃薯产业为研究案例，从产业发展动态视角，重点探究政府在西部县域农业特色产业竞争力提升中的作用。

1.3.2　研究方法

县域农业特色产业发展既受到国家宏观发展战略、经济产业政策的影响，也受到地方政府、当地涉农企业及农户个人等微观因素的影响。因此，本书对西部县域农业特色产业竞争力问题的研究是以宏观视角分析与微观视角分析相结合的形式展开的，既从国家宏观战略层面分析西部县域农业特色产业竞争力提升对西部地区的作用及影响，进而对全国范围推进农业高质量发展的作用和影响，同时又立足于西部县域农业特色产业发展的微观环境，探讨建立在特殊区域属性基础上的微观影响因素对县域特色产业竞争力提升的具体影响。根据宏观、微观分析研究的需要，本书采取研究方法如下。

1.3.2.1　文献研究法

作为学术性研究，本书无论是在理论分析的观点阐述、框架构建，还是在实证研究的方案设计、指标选取方面都需要以具有较高认同度的学科理论为基础。本书的研究内容覆盖区域经济学、产业经济学、品牌经济学、信息经济学等多个学科，涉及产业竞争力理论、价值链理论、信息不对称理论、消费者感知价值理论等基础理论。因此，本书对农业特色产业、县域农业特色产业及农业特色产业竞争力的相关文献成果及所涉及的理论基础进行系统梳理和评述，以期为本书框架结构的确定以及研究的后续推进提供文献支

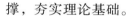

撑，夯实理论基础。

1.3.2.2　规范分析与实证研究相结合的方法

依据规范分析研究范式，从"应该是什么"的视角，一方面，分析农业高质量发展应该是什么，具体的研究从高质量发展的经济学阐释切入，结合我国特色农业现代化演进过程，对农业高质量发展的规范化标准进行确定，并由此总结出农业高质量发展的内涵特征，为高质量发展阶段西部县域为什么要提升农业特色产业竞争力提供理论支撑；另一方面，分析现代营商技术环境下西部县域农业特色产业的竞争力应该是什么，具体的研究从相关竞争力理论模型的缺陷分析入手，结合地方农业特色产业发展基础及实践经验确定县域农业特色产业竞争力构成的规范性要素，系统构建西部县域农业特色产业竞争力分析的理论框架。本书的实证研究在宏观层面主要是通过对西部农业高质量发展水平的评价，明确西部县域提升农业特色产业竞争力的必要性（即解决为什么的问题）；在微观层面则通过模型构建分析竞争力各要素对农业特色产业的影响及如何通过要素的升级来提升西部县域农业特色产业竞争力。

1.3.2.3　案例分析法

西部县域农业特色产业竞争力分析是一个具有明显区域特征的研究问题，需要选择具有一定典型性和代表性的西部县域，并就其农业特色产业发展情况进行深入系统的研究。本书在西部县域农业特色产业价值链典型模式梳理及政府政策对产业竞争力影响的分析中，以甘肃省具有典型性的县域农业特色产业为案例，以期从对产业发展实践的分析中，凝练科学问题，寻找解决途径。

1.3.2.4 模型分析法

西部县域农业特色产业竞争力模型的提出说明针对该类问题的解决存在着一般性的规律。这种一般性规律具体表现为"做正确的事情"（即由要素禀赋结构决定）和"把事情做正确"（即由行为禀赋结构决定）两个既存在逻辑顺序关系又不可相互取代的方面。通过构建竞争力模型，深入挖掘区域要素禀赋结构和行为禀赋结构中与产业竞争力提升相关的要素和问题，是该理论模型运用于现实问题解决的关键环节。

1.3.2.5 系统分析法

西部县域农业特色产业竞争力提升问题是一个涉及多种类要素、多层面关系的复杂性社会系统工程，因此，只有将问题置于系统分析层面，以县域农业特色产业竞争力为系统整体目标，对构成系统的各个要素进行分析，并明确其对整体目标的作用，才能实现对所研究问题全面的、整体地把握。

1.4 研究的创新点

本书以高质量发展阶段为背景，探讨西部县域农业特色产业竞争力提升问题，可能的创新点主要包括以下四个方面。

（1）首次系统完整地提出县域农业特色产业竞争力命题。将西部县域农业特色产业竞争力培育置于一个由企业、市场、政府三方协同、共生、演化的产业环境中，从要素禀赋结构和行为禀赋结构共同决定农业特色产业竞争力的理论视角出发，创造性地构建了西部县域农业特色产业竞争力分析的新钻石模型，拓展了县域农业特色产业及其竞争力的研究空间。

（2）与一般产业竞争力的理论研究不同，本书特别强调不可流动要素对区域经济发展及区域特色产业选择和培育的决定性意义。具体来说，区域不可流动要素决定着特色农产品的功能价值，是农业特色产业潜在的竞争力；不可流动要素租值的实现决定着特色农产品的市场价值，是农业特色产业实在的竞争力，而潜在竞争力转化为实在竞争力的关键则在于市场对区域不可流动要素的识别，以及不可流动要素租值的提升。这种从不可流动要素、不可流动要素租值视角讨论县域农业特色产业竞争力的提升，可能是一种理论及思想上的创新。

（3）以产业价值链理论为基础，实证分析产业价值链构建的关键影响因素，并针对产业链运行机制不畅、创新机制不足，以及由此而导致的核心效用驱动不足问题，在区块链技术的基础上创造性地重构西部县域农业特色产业价值链。

（4）在西部县域特色农产品消费者感知价值分析中，首次将消费责任价值引入消费者感知价值体系，并将消费者感知价值划分为低阶感知价值和高阶感知价值，创新性地提出不同层级感知价值会在不同市场层面影响特色农产品竞争力的观点。

第 2 章

文 献 综 述

与本研究相关的文献资料是判断选题研究价值、了解研究动态、确定研究视角和方向的重要依据。本书在具体研究开展之前，首先利用 CNKI 平台对涉及"农业特色产业""县域农业特色产业""县域农业特色产业竞争力"的相关文献进行检索、梳理和述评。

2.1 "农业特色产业"相关文献综述

2.1.1 国外相关研究综述

20 世纪 50 年代，美国、欧洲、日本等发达国家开始关注对农业特色产业的研究，相关研究成果主要集中于农业特色产业的理论基础研究、产业典型模式研究、多功能农业实践与特色产业发展研究，以及市场交易机制、小农户经营与农业特色产业发展的匹配性

研究等方面。

2.1.1.1 理论基础研究

美国经济学家西奥多·舒尔茨（Theodore W. Schultz，2006）在其著作《改造传统农业》中提出所谓传统农业是"完全以农民世代使用的各种生产要素为基础的农业"，是一种特殊的经济均衡状态，这种均衡状态导致传统农业成为在技术使用、要素投入及生产方式上长期保持不变，只能维持简单再生产的小农经济。舒尔茨认为，由于传统农业中增加原有生产要素投入的收益率低下，因此对传统农业进行改造的关键在于引进新的现代农业生产要素即技术要素的投入。与传统农业相比，现代化农业能够对经济发展做出更大的贡献。以改造传统农业理论为基础，农业特色产业作为一种新型的现代化农业，其培育和发展都应该建立在改造甚至颠覆传统农业产业模式的基础之上。约翰·梅尔（John W. Mellor，1988）从农业现代化发展角度将农业划分为传统农业阶段、低资本技术农业阶段和高资本技术农业阶段，并指出在农业现代化发展过程中，各国应重视发展具有本国优势和特色的产业。日本发展经济学家速水佑次郎等（2003）从农业在不同经济发展阶段所面临的问题出发，将农业发展分为解决粮食供给问题，解决农村贫困问题及调整农业结构问题三个发展阶段，并提出农业发展引致农业技术变革，因此农业技术结构的建立应与当地农业资源禀赋及农村经济结构相适应。美国经济学家托达罗（Michael P. Todaro，1992）将农业生产的演化发展归纳为三个阶段：单一的、低生产率阶段，多样化农业生产阶段及适应商品市场的"专业化""高效率"阶段。这一划分方式也为以适应市场需求为导向，多样化、差异化发展的农业特色产业培育提供了理论基础。

2.1.1.2　典型产业模式研究

发达国家基于其丰富的自然资源、先进的农业科学技术及农业基础设施发展农业特色产业，形成了一些比较典型的产业发展模式。荷兰的"设施园艺"是荷兰最具特色的农业产业。荷兰耕地不足，促使其比任何国家都注重农业劳动生产率的提高，"设施园艺"以集约化、规模化的生产方式生产附加值高的园艺作物，在提高产品质量的同时也形成了规模效益，赢得了良好的国际市场份额。作为高科技农业的典范，美国农业发展经历了从大量使用化肥、农药及以石油为主要农业机械动力的"石油农业"到以提倡堆肥、轮作和生物防治的"生态农业"的转变，"生态农业"崇尚自然，排斥农外投入，在提高农产品品质的同时也有效保护了环境。以色列先天水资源贫乏，"沙漠农业""节水农业"成为其克服先天资源要素不足的特色农业发展模式。法国着力打造"观光农业"，让游客体验葡萄酒产业中的采摘及酿造过程，在延伸产业链、提高产业效益的同时更提升了产业的知名度（何春林，2006）。

2.1.1.3　多功能农业实践与农业特色产业发展

一些学者从多功能农业实践角度探讨农业特色产业发展的有效模式，并提出农业特色产业发展对农村内生价值再挖掘，进而推动农村地区经济可持续发展具有重要作用。范·海恩布鲁克和杜兰德（Van Huylenbroeck & Durand，2003）以欧洲竞争力较低甚至边缘化的农场为切入点，对欧洲农业多功能化及农村发展的新范式进行研究。他指出由于数据的可获得性限制了小尺度空间特色产业的量化分析，因而基于特色产业描述性分析以及在此基础上形成的对特色产业演化趋势的预测分析，在科学性上尚无法得到充分保证。范德普勒格和德克（Ploeg & Roep，2003）讨论了多功能农业实践对欧洲农村发展的意义，并指出农村发展是对新型农业发展模式的探索，而这种新模式的构成要素应当包括有机农业、高质量生产、连接生产者和消费者的新价值链，以及农业旅游等更适合新的社会需求和期望的领域。弗洛里安齐克，查皮耶夫斯基和斯塔维卡（Florianczyk，Czapiewski & Stawicka，2009）认为农村地区最重要的也是迄今为止未被探索的因素是社会因素及自然价值。过去主要从事农业生产的农村地区的内生价值将逐渐被挖掘，并成为其经济活动的基础，而由此产生的多功能农业及农村特色产业将有效促进农村可持续发展。伯格斯多姆（Bergstrom，2009）以意大利农业发展为研究对象，指出农业具有商品生产者和社会文化推动者的双重角色，因此地方一级政府应该考虑建立以区域领土资源为基础的差异化发展模式，并强调农业与旅游业、手工艺品及其他领土活动的结合。

2.1.1.4 市场交易机制、小农户经营与农业特色产业发展的匹配性研究

博尔（Bowler，1981）以苏格兰地区专业化的区域农场及特色农业为研究对象，指出农户对农业特色产业的认知程度及市场交易机制的健全与否在相当程度上制约着农业特色产业的发展。迪克西特和斯蒂格利茨（Dixit & Stiglitz，1975）认为农业进步不仅有赖于

对现有农业要素的充分利用，更在于对特色农业资源的深度挖掘，推动农业特色产业发展能够在提升农业综合竞争力的同时为小农户提供更多的就业机会。特罗斯基，马蒂斯和明克（Troskie，Mathijs & Vink，2000）指出，由于经济发展的驱动因素发生变化，传统小农户家庭式农业处于明显劣势。因此，为了应对传统农产品价格下行的压力以及满足现代社会日益复杂的需求，开发基于风土资源的特色农产品可以为农民提供一些新的机会，并显著改变传统农业的某些特点。诺瓦昆达和恩甘贝基（Nowakunda & Ngambeki，2010）分析了乌干达特色香蕉产业分散的小农户生产与大市场营销的不相容性，提出小农户通过组建网络化团体可以提高产品质量并提升农户收入。中村和冯格拉瑟特（Seenuankaew & Vongprasert，2015）通过理论抽样选取泰国博他仑（Phatthalung）省宽卡暖（Khuan Khanun）区的 14 个样本观测点研究农户的信息行为与特色农产品的产销价值链增值的关系，研究表明农户以增加收入为目标的信息搜寻、利用对特色产品品牌建设、产品差异化发展及质量提升具有正向作用。

2.1.2　国内相关研究综述

我国对农业特色产业的探索始于 20 世纪 80 年代，学者们从农业特色产业实践推动的视角开展研究，研究焦点集中于农业特色产业内涵特征、农业特色产业发展路径以及农业特色产业经营模式等方面。

2.1.2.1 农业特色产业内涵特征

郭京福（2006）认为农业特色产业是一种区域特征显著、资源条件独特、产品品质特殊且具有特定消费市场的农业产业。与传统农业以满足人们基本生活需要为目的不同，农业特色产业的发展旨在满足人们日益增长的对农产品品质和多样化供给方面的需求，因此农业特色产业的发展强调以市场为导向，以效益为中心，强调布局上的区域性、资源供给上的特殊性以及产品的高品质高价值。文理（2009）、孔令刚（2012）认为农业特色产业是在区位环境及资源技术优势基础上综合社会需求与市场需求而形成的高效农业，具有生产地域性、文化传承性、产品质优性和经济效益性特点。余丽霞（2010）认为农业特色产业是一种具有潜在优势的产业，这种优势既体现在区域内，也体现在区域间，既体现为某种比较优势，更体现为一种竞争优势。农业特色产业具有竞争力强、替代性弱的特点。冯子迅（2013）认为农业特色产业是在特定消费市场导向下以地方特色农业资源为基础配置要素培育形成的具有较强竞争优势及发展潜力的农业产业。任修霞（2013）认为农业特色产业是通过"产业化＋科技化"的途径将当地特色农业资源转化为具有较高市场经济效益的农业特色产品的新型农业产业。

2.1.2.2 农业特色产业的发展路径研究

徐秀英（2009）认为农业特色产业发展应该遵循"组织化＋标准化＋品牌化"的发展路径。遵循"组织化＋标准化"的发展路径，彭成圆（2015）从新制度经济学视角将推进农业特色产业标准化理解为是一种对更高效率制度的选择，而选择的关键在于制度变迁所引致的交易成本及潜在收益之间的权衡，因此与政府强制性制度变迁相较，基于成本—收益的诱致性制度变迁将成为推动农业特色产业标准化发展进程的关键；遵循"品牌化"的发展路径，郑宝华（2017）、吴群（2018）进一步阐述了在乡村振兴及推进农业供给侧结构性改革视角下，农业地标品牌建设对推动农业特色产业创新发展的重要抓手作用。

任修霞（2013）认为，制度创新、技术进步以及市场改革是驱动农业特色产业发展的核心要素。从技术进步角度，符平（2017）进一步指出创新网络及平台的构建和制度化是农业特色产业勃兴有效路径和重要驱动力量；从制度创新角度，蒋辉（2016）则论证了新型职业农民的培育是推进贫困地区农业特色产业发展的有效路径。

2.1.2.3 农业特色产业经营模式

学界对农业特色产业经营模式的讨论最后可归结为"专业合作组织推动"与"龙头企业带动"两种组织模式间的选择。徐秀英（2009）、袁久和（2011）认为农民专业合作组织是推动西部地区农业特色产业实现规模化发展、标准化生产和品牌化经营的重要载体和有效经营模式。孔令刚（2012）、冯子迅（2013）认为以龙头企业为核心的经营组织模式更有助于将特色农产品的地理资源比较优势转化为商品竞争优势。特别是罗佳丽（2017）以农户的农业生产效率为视角，对合作经济组织带动型、龙头企业带动型、专业市场带动型及传统生产型四种不同农业经营模式下，农业特色产业发展的效率差异进行实证分析，结果显示，龙头企业带动型是推动农业特色产业发展中资源配置效率最佳的经营组织模式。

2.1.3　小结

从现有文献研究成果来看，国外对农业特色产业的研究兼具理论性和实践指导性，从宏观层面的基础理论到中观层面的典型模式再到微观层面的农业特色产业实践，以及市场交易机制、小农户经营与农业特色产业发展的匹配性研究等都有所涉及，并且在一些成果中具有前瞻性地提出了高质量生产、连接生产者和消费者的新价值链、农户经营模式转变及其技术信息采纳行为等对农业特色产业发展的重要意义。相较于国外的研究成果，国内对农业特色产业的研究基本停留在对现实产业发展情况的描述和总结层面，理论研究和支撑不足，缺乏学术研究必要的前瞻性和系统性，难以发挥理论研究对农业特色产业实践的指导作用。

2.2　"县域农业特色产业"相关文献综述

县域经济是国民经济的重要组成部分，县域经济的发展不仅事关农业、农村现代化发展的进程，更是促进市场经济与农业经济深度融合、统筹城乡及区域协调发展、解决新时期"三农"问题的重要环节。2002 年，党的十六大明确提出"发展农产品加工业，壮大县域经济"；2003 年，党的十六届三中全会进一步强调"要大力发展县域经济，加快城镇化进程"。县域经济是一种产业经济，县域经济的发展必须以高效益的产业经济作为支撑和推动力量（李文祥，2005）。2015 年，中共中央、国务院《关于加大改革创新力度加快农业现代化建设的若干意见》中明确指出，壮大县域经济应立足资源优势，以市场需求为导向，大力发展特色产业，扶持发展一村一品，一乡（县）一业。2017 年，党的十九大提出实施乡村振兴战略，并强调以各地资源禀赋和文化历史为基础，有序开发优势特色资源，支持特色农产品优势区建设，塑造现代顶级农产品品牌，做强做大农业优势特色产业，推进产业兴村强县。县域发达，则乡村兴旺，县域农业特色产业的培育对乡村产业兴旺及乡村振兴都具有重要的推动及辐射作用（杨晓军，2018）。

国内外学者对县域农业特色产业的理论研究主要集中于三个方面：县域农业特色产业集群、县域农业特色产业发展的区域效应，以及县域农业特色产业与精准扶贫。

2.2.1 县域农业特色产业集群

迈克尔·波特（Poter M，1990）在其著作《国家竞争优势》中指出，区域的竞争优势来源于优势产业，而优势产业的竞争优势来源于集群。国内外学者对县域农业特色产业集群从定性和定量两方面开展了研究。刘善庆（Liu S，2010）基于组织生态学理论对县域农业特色产业集群的形成机理进行研究，发现自然环境、政府政策及消费者选择是影响农业特色产业集群形成和发展的重要因素。孔慧珍（Kong H Z，2010）运用层次分析法构建了包括经济效益、服务体系、基础设施、品牌形象及创新管理能力等指标在内的县域农业特色产业集群综合评价指标体系，并实证分析了该模型的有效性。在国内，随着农业特色产业的规模壮大和空间集聚，各类产业集群快速形成并发展，成为县域农业特色产业的主要模式。胡平波（2011）构建产业集群发展动力指标体系，并实证分析了自然及人文历史资源禀赋、集群网络结构关系、政府支持及市场开发对县域农业特色产业集群的驱动作用。往东生（2012）针对县域农业特色产业集群企业中由于产品同质化导致的恶性竞争及低效率现象，提出应将供应链思想引入农业特色产业集群发展，以集群式供应链模式（集群内实现产业链分工及一体化）实现县域农业特色产业集群附加值的有效提升。吴娜琳（2014）以河南封丘县树莓产业等特色产业集群为典型案例，探讨了特色产业遴选、农户参与意愿及行为、农产品生产基地建设及产业集群网络等对县域农业特色产业集群形成的影响及作用机制。杜丽群（2015）依据沭阳县花木产业的实地调研资料，强调了农业特色产业集群建设对县域经济发展的重要促进作用。王琴梅（2016）认为农业特色产业集群化发展有助于推进丝绸之路经济带产业转型升级，并基于波特"钻石理论"，实证分析了甘肃省定西市农业特色产业集群发展的影响因素。周志霞（2017）基于三重螺旋创新模型（UIG）理论框架构建了基于政府扶持、产业发展、高校及科研机构协助的县域农业特色产业集群创新发展路径。

2.2.2 县域农业特色产业发展的区域效应

文卫（2010）以绛县山楂产业为例，定量研究欠发达地区农业特色产业与县域经济发展的关系，结果显示农业特色产业产出与县域经济增长正相关。赵子龙（2015）根据广西县域农业特色产业发展特点，以农业特色产业自身发展潜力为核心自变量，以当地资金供给潜力及基础设施保障能力为控制变量，实证检验了农业特色产业对广西壮族自治区县域经济发展的正向影响，并指出家庭作坊式的生产方式不利于特色农产品质量的提升，并且难以形成规模效应。刘玉（2018）运用 ESDA 方法对京津冀地区县域农业增长的空间特征进行探索性分析，结果显示，特色定位不清、区域间产业趋同且缺乏协同发展理念是导致县域农业资源错配、抑制集聚效应发挥和农业产业结构优化的主要原因。

2.2.3　县域农业特色产业发展路径

国内学者从技术引进、农村人力资本结构提升、产业创新网络、政府政策扶持等方面对县域农业特色产业的具体发展路径展开了研究。肖媛（2006）较早提出传统农业向特色农业转变是推动县域经济发展的重要抓手，而改造传统农业的关键在于技术的引进以及农村人力资本结构的提升。张爱国（2011）认为，薄弱的经济基础和脆弱的生态环境决定了我国中西部县域农业特色产业的发展必须依靠科技进步和创新实现对比较优势资源潜能的深度挖掘，而高层次的县域农业特色产业创新就是推动县域农业循环经济发展的动力。张林（2012）以广西壮族自治区横县的茉莉花产业为例，从产业链、创新链及各创新主体开放程度三个维度构建县域农业特色产业三维创新模式，他认为伴随消费者消费层次日益提升，单纯根植于地方特色农业资源的传统特色农产品已无法满足消费者对产品差异化和个性化的需求，因此在发挥区域特色的基础上推进基于产业链各环节的创新，并在此基础上形成创新价值链是县域农业特色产业可持续发展的关键。杜云飞（2015）提出县域农业特色产业创新网络的理论模式，并应用创新网络理论解析县域农业特色产业创新绩效的形成机理，强调创新网络的完善对县域农业特色产业的重要推进作用。王啸宇（2017）对河北省县域农业特色产业发展滞后的原因进行分析，指出科学有效的产业扶持政策、通畅的资源要素流通渠道，以及农业科技的引领带动是推动县域农业特色产业发展的有效路径。佟光霁（2016）认为鉴于各县域经济条件、产业基础相异，经典路径的简单模仿或者聚焦单一路径会产生内生性路径被忽视的问题，由此提出了推进农业特色产业及农业现代化发展的多维度路径。这一观点也得到了任娜娜（2017）、杨惠芳（2017）的认可和补充。

2.2.4 县域农业特色产业与精准扶贫

党的十八大以来，精准扶贫被设定为我国新时期脱贫攻坚的基本方略，而发展特色产业，实施特色产业扶贫成为推动产业扶贫升级，实现产业扶贫精准化的重要举措和重要环节。2016年，《贫困地区发展特色产业促进精准脱贫指导意见》中指出，发展特色产业是提高贫困地区自我发展能力的根本举措。国内部分学者以县域为空间尺度，探讨了农业特色产业与精准扶贫的耦合性关系。张程（2018）认为，因地制宜的农业特色产业开发是推进农村地区扶贫工作的重要路径，并就产业选择机制、合作组织培育及金融保障提供等农业特色产业发展中的制约因素进行了分析。胡继亮和陈瑶（2018）研究了农村特色产业扶贫机制的共性特点，指出利用当地资源优势，发展特色产业是贫困地区脱贫致富的有效途径，而鉴于当前贫困地区农户普遍存在的农户产业脱贫思想不足、生态环境意识缺失及技术禀赋有限等问题，精准选择特色产业，通过扶贫宣传与技能培训激发农户能动性则成为特色产业发展的现实路径。杨恺（2019）认为，精准化的特色农产品品牌建设有助于贫困县特色产业精准扶贫效果的实现。此外，马楠（2016）、王美英（2018）、杨军（2019）等学者的研究聚焦具体农业特色产业的扶贫实践及经验总结。

2.2.5 小结

县域是具有中国特色的行政区域，因此对县域农业特色产业的研究主要集中于国内的文献。从现有研究成果来看，国内学者围绕如何推动县域农业特色发展，以及县域农业特色产业发展与区域经济及扶贫效应的关系展开了深入研究，取得了丰富的成果。但就县域农业特色产业发展本身的研究来看，学者们的研究视角分散，没能形成统一的分析框架，研究的系统性、完整性有待于进一步提升。从研究方法看，现有研究主要集中于规范分析，即探讨县域农业特色产业应该如何发展，需要哪些要素支持，但缺乏必要的量化分析及数据支撑。

2.3   "县域农业特色产业竞争力"相关文献综述

农业产业竞争力研究是县域农业特色产业竞争力研究的理论基础，县域农业特色产业竞争力研究是农业产业竞争力研究的具体化和细化。因此，本节对文献的梳理依据研究需要包括农业产业竞争力研究和县域农业特色产业竞争力研究两个部分。

2.3.1   农业产业竞争力

2.3.1.1   国外相关研究综述

国外学者对农业产业竞争力的研究主要集中于农业产业竞争力的影响因素研究及农业产业国际竞争力的提升策略研究两个方面。

（1）农业产业竞争力的影响因素研究。

戈皮纳特等（Gopinath et al.，1997）、戈皮纳特和肯尼迪（Gopinath & Kennedy，2000）基于国家层面的对比研究，强调全要素生产率增长对提升农业竞争力具有重要作用。凯尔德森 - 克拉（Kjeldsen - kragh，2000）从企业、部门和国家三个层面研究影响农业竞争力的各种要素，指出生产力是影响农业竞争力的主要因素，而生产力水平的高低取决于技术的提升。卡莱特赞纳克（Kalaitzandonakes，2000）进一步明确农业生物技术的应用对农业竞争力的正向影响。多尔曼等（Dohlman et al.，2003）认为政府政策是影响农业竞争力的重要因素，政策与现有资源禀赋的互动方式可以加强或削弱农业产业潜在的竞争力，该观点也得到了拉特吕夫（Latruffe，2010）的认可和补充。综合以上学者成果，马托什科夫和加里克（Matošková & Gálik，2009）指出在农业补贴增加及贸易自由化条件下，农业生产效率低下和创新活动缺乏是抑制斯洛伐克农业及农产品竞争力提升的主要原因。此外，柯炳生（Bingsheng K，2003）认为价格、质量和信用是影响农业产业竞争力的三个主要因素。

（2）农业产业国际竞争力的提升策略研究。

高尔顿等（Gorton et al.，2000）以国内资源成本（DRC）和显示性比较优势指数（RCA）衡量保加利亚和捷克共和国的农业生产竞争力，并与国际市场和欧盟进行比较，指出两国农业产业国际竞争力的提升来自贸易自由化和可能加入欧盟的压力。尼奥罗等（Nyoro et al.，2001）认为降低农业生产成本是肯尼亚提升农业产业国内及国际竞争力的关键。富勒等（Fuller et al.，2003）实证评估了运输及物流效率改善对南美洲农业产业国际竞争力的正向影响。莫索马（Mosoma K，2004）研究了南非、阿根廷和澳大利亚三国农产品产业链在国际的竞争地位，提出整合农业产业链，形成战略联盟，挖掘合作潜力，增强技术转让和网络化是提升农业产业国际竞争力的重要手段。萨西（Sassi M，2006）对欧盟 15 个地区农业发展的研究显示，有利于农业发展的创新环境和符合特定区域特点的农业政策是提升欧盟区域农业产业国际竞争力的先决条件。杨和白（Yang & Bai，2004）认为农业国际竞争力要求提高农业生产效率，而农业机械化水平是形成农业产业国际竞争力的核心，并进一步指出中国应该选择技术进步与劳动力资源相结合的农业机械化组合战略。

2.3.1.2 国内相关研究综述

2016 年，中央"一号文件"明确指出"持续夯实现代农业基础，提高农业质量效益和竞争力"。伴随农业贸易自由化进程加快，我国农业对外开放程度也在不断扩大，农业对于我国而言已不仅是一个基础产业，更是一个战略产业，而农业竞争力的提升也不仅是一个经济问题，更是一个关系到国家安全的重大问题。国内学者对农业产业竞争力的研究主要集中在对农业竞争力内涵的界定、农业竞争力理论分析框架的构建，以及农业竞争力影响因素及评价指标体系的构建。

（1）农业竞争力的内涵界定。

国内学者对农业竞争力内涵的理解主要存在以下三种比较有代表性的观点：第一种观点认为，农业竞争力就是农产品竞争力，即农产品在竞争市场环境下占据市场份额和持续获得盈利的能力（唐人健，2001；翁鸣，2003；曹执令，2012）；第二种观点认为，农业竞争力的本质是农业的比较生产率，即农业竞争力主要来源于生产效率的差异，而农产品竞争力只是农业竞争力的外在表现形式（陈卫平，2002；刘成玉，2003）；第三种观点认为，农业竞争力由生产、流通、加工等产业链环节的竞争优势综合而成，因此农业竞争力应该是一种综合竞争能力（苏航，2005；万宝瑞，2016）。

（2）农业竞争力理论分析框架的构建。

陈卫平（2002）从原因和结果两方面分析农业产业竞争力，并构建出一个理论分析框架。该框架认为农产品的市场竞争力（表现为市场份额和利润）由农产品的价格因素（成本）及非价格因素（品种、品质、品牌等）决定，而农产品价格及非价格因素的形成取决于影响农业比较生产率等更为深层次的因素，并基于波特"钻石"模型对这些因素给予解释。庄丽娟（2004）认为应该结合比较优势理论和竞争优势理论构建一个具有内部一致性的农业竞争力分析框架。刘春香（2006）赞同庄丽娟的观点，并进一步从竞争力的来源、决定因素和影响因素三个层面构建农业产业竞争力的分析框架，其中竞争力来源于比较优势，而决定因素和影响因素最终形成竞争优势。赵春明（2009）出于对农产品特殊属性的考虑，构建了基于逆向比较研究路径的农产品竞争力理论分析框架，该框架由农产品竞争力的直接影响因素（成本价格、产品质量、品牌、产品差异性）和间接影响因素（自然资源、基础设施、科技投入、劳动力素质、产业组织化程度、政策扶持等）构成。杜辉（2017）构建了包括农业品种竞争力、农业品质竞争力及农业价格竞争力三位一体的农业竞争力分析框架。

（3）农业竞争力影响因素及评价指标体系的构建。

农业竞争力作为一种复杂的社会经济现象，伴随其在理论层面研究的逐步深入，专家学者开始关注竞争力评价及其影响因素量化层面的研究，并从国际竞争力，省域间竞争力比较及特定区域竞争力提升等不同层面构建了我国农业产业竞争力评价指标体系。

农业国际竞争力评价指标构建方面，赵美玲（2005）构建了包括显示竞争力、要素竞争力、产品竞争力及环境竞争力 4 个维度，40 项具体评价指标的农业国际竞争力评价模型，但没有对该模型进行实证检验。余子鹏（2014）以农产品竞争力指标衡量农业竞争力，认为农产品成本和农产品质量是影响农产品竞争力进而决定农业国际竞争力的关键因素，并实证分析了外资示范、科技投入及农业产出结构调整对农业国际竞争力的效应。

省域间农业竞争力比较及评价指标构建方面，游士兵（2005）依据波特"钻石"模型，构建了包括农业生产要素条件、农产品需求情况、相关产业发展、机制竞争力及农业经营主体竞争力五大因素的省域农业竞争力测度评价指标。陈卫平（2005）考虑到我国各省域区位及自然条件、要素禀赋结构、经济发展水平的差异性构建了包括农业规模、效益、基础、结构、现代化、成长及特色7个维度，38项评价指标的中国区域农业产业竞争力综合评价指标体系，通过对全国各省农业产业竞争力的定量分析，指出农业现代化竞争力、农业特色竞争力及农业结构竞争力是影响农业综合竞争力最重要的因素。郑会军（2009）从农业产出效益竞争力、农业基础竞争力、农业潜在竞争力三个方面构建农业竞争力评价指标体系，并对全国31个省的农业区域竞争力进行测度。葛干忠（2013）有针对性地选择农产品综合商品率、农民人均收入等14个代表性指标，构建现代农业产业竞争力评价指标体系，并通过对全国31个省份现代农业产业竞争力的实证分析，指出农业生产力、农业基础设施及农业社会化服务水平是影响我国农业竞争力提升的关键性因素。姚爱萍（2017）构建了包括显示性竞争力指标及解释性竞争力指标的省域农业竞争力评价指标体系，并对显示性指标与解释性指标的相关性进行了实证研究，结果显示农业生产要素、农业教育科技水平及农村生活条件三个解释性指标是促进省域农业竞争力提升的重要因素。

特定区域农业竞争力评价指标构建方面，曹执令（2012）构建了包括农业生产要素、农产品需求、农业经营主体、农业科技及政策4个维度11项指标的区域农业竞争力评价指标，并对湖南省农业竞争力进行了评价和分类。王伶（2015）构建了包括农业生产要素、农产品需求状况、农业经营主体、相关产业及制度、农业结构5个维度14项指标的农业竞争力评价指标体系，并对湖北省农业竞争力进行了综合评价。侯彦明（2016）从资源状况、经济增长、产业化经营程度、现代化程度及可持续发展五方面构建农业竞争力评价指标体系，并对黑龙江省农业竞争力进行实证评价。朱侃（2019）结合西部地区农业发展特征构建了包括5个维度24项指标的西部地区农业产业竞争力评价指标体系，并对我国西部地区12个省份农业竞争力综合发展水平进行了评价和分类。

2.3.2　县域农业特色产业竞争力

2.3.2.1　农业特色产业竞争力

　　国内学者围绕农业特色产业竞争力提升及可持续发展开展了一系列理论与实证方面的研究。理论方面，刘成玉（2003）以竞争优势理论、比较优势理论、需求弹性理论、创新理论、垄断竞争理论、产品差别化理论等为依据，从理论层面论证了特色农业产业化经营与农业竞争力提升的耦合关系。李双元（2009）基于新制度经济学理论视角，强调了制度性因素对农业特色产业竞争力提升的重要影响。米婧（2013）基于核心竞争力视角以生产经营能力、人力资源管理能力、研发能力、产业组织协调能力、产业文化五大要素构建了农业特色产业核心竞争力模型。实证方面，杨启智（2012）以都江堰市猕猴桃产业为例，实证检验了规模比较优势和产量比较优势对农业特色产业竞争力的决定作用。韩振兴（2018）运用效率优势指数、规模优势指数和综合优势指数对山西省具有典型性的三个特色农业产业集群的竞争力进行了测算。

2.3.2.2 县域农业特色产业竞争力

曹明霞（2014）认为现代农业产业体系建立的核心在于产业竞争力的不断提升，而农业产业竞争力形成的关键就在于县域。各县域由于其在地理区位条件、自然资源禀赋及经济发展水平等方面存在差异，县域间农业产业竞争力也存在较大的强弱差别，并构建了包括农业基础竞争力、农业科技竞争力、农业产业化竞争力及农业效益竞争力 4 个一级指标，16 个二级指标的县域农业综合竞争力评价指标体系。巍霖静（2016）认为物联网技术在农业中的推广应用可以从保障食品安全、提升品牌影响力和发展智慧农业三方面增进农业特色产业链的核心竞争力。郑宝华（2017）指出农业地标品牌建设是县域特色农业竞争力提升的重要抓手。陈志峰（2017）基于县域产业结构优化视角，从特色茶产业空间分布、县域选择比对、集聚效应等方面探索县域特色茶产业竞争力提升及产业结构优化的路径。严小燕（2017）以产业空间结构为切入点，在 CTMC 研究框架下，运用 TOPSIS 模型对福建省 67 个县域单元渔业进行竞争力评价，重点探索福建省县域渔业竞争力与空间布局优化。

2.3.3 小结

农业竞争力研究是一项复杂程度高、涉及学科广的系统性工程。从现有研究成果看，国内外学者对农业竞争力从内涵特征、理论分析框架、影响因素及评价指标体系构建等方面进行了较为系统全面的研究。但是，作为农业竞争力问题的具体化，现有文献对县域农业特色产业竞争力的研究主要是从制度、品牌、规模以及产业链等某一个切入点进行讨论和测度，没有形成统一的理论分析框架，也没有就县域农业特色产业竞争力的影响因素形成一个统一完整的认识。因此，有价值的研究成果还十分欠缺，无法在真正意义上为县域农业特色产业竞争力提升提供理论参考。从研究视域看，现有对县域农业特色产业的研究多集中于经济发达地区，缺乏对西部欠发达县域农业特色产业的系统性研究。

2.4 文献述评

综合以上文献可以总结出对县域农业特色产业竞争力的基本认识，即县域农业特色产业竞争力是具体化的农业产业竞争力。农业产业竞争力由农业生产、加工、流通各产业链环节的竞争优势综合而成，是农业产业在市场竞争环境中体现出的综合竞争能力。因此，县域农业特色产业竞争力也应该是一种综合的竞争力，是一种以特殊区域属性所形成的不可替代性为基础，对特色农业产业链各环节潜在优势进行挖掘和整合而形成的一种竞争力。由此，对县域农业特色产业竞争力的研究应该是以特殊区域属性为出发点，构建涉及生产加工、流通销售等产业链各环节的综合竞争优势分析框架，以实现对县域农业特色产业竞争力问题的全面认识和系统研究。

农业产业竞争力形成的关键在于县域，而县域农业特色产业的培育对乡村产业兴旺及乡村振兴都具有重要的推动及辐射作用。因此，对县域农业特色产业进行培育的最终目标就在于提升其竞争力，进而促进我国农业竞争实力的整体提升。本书认为，研究县域农业特色产业竞争力问题，首先必须把握其基于特殊区域属性所形成的"特"，围绕"特"挖掘其价值，实现构建产业综合竞争力分析框架。然而，现有文献对县域层面农业特色产业竞争力的研究还十分缺乏，且研究视角单一，既没有对基于特殊区域属性的"特"对产业竞争力形成的基础性作用给予充分的重视，也没有提出一个较为系统完整的竞争力分析框架。为一定程度上弥补现有研究成果的不足，本书立足西部县域，首先将充分论证西部地区在高质量发展阶段为什么要大力发展县域农业特色产业，然后从西部县域特殊区域属性出发，构建一个相对完整的县域农业特色产业竞争力分析框架，并对该框架下竞争力的各影响因素进行较为深入的探讨和分析，以为西部县域发展农业特色产业，提升产业竞争力提供较为系统完整的理论框架参考和行之有效的实践路径。

第 3 章

基 础 理 论

农业生产过程是自然再生产与经济再生产过程的统一，其既服从自然规律也遵从经济发展规律。因此，对县域农业特色产业竞争力的研究应当立足于与之相关的经济理论，寻求理论的支撑。本章基于理论模型构建需要，涉及的理论主要包括产业竞争力理论、比较优势理论、竞争优势理论、产业价值链理论以及信息不对称理论。

3.1 产业竞争力理论

20 世纪 70 年代以后，伴随经济全球化进程加速，国家及区域间产业竞争范围得以不断延伸，竞争程度也日趋激烈，各国政府逐渐开始意识到产业竞争力对国家竞争力及地区经济发展的重要作用。在此背景下，产业竞争力研究成为政府及学术界关注的热点问题。

3.1.1　产业竞争力的内涵

产业竞争力是一个多维度、多层次的概念。从空间尺度来看，产业竞争力包括产业的国内竞争力和产业的国际竞争力；从产业分类看，产业竞争力可以分为产业整体竞争力和具体产业竞争力；从具体研究内容来看，产业竞争力又可进一步细化为产业结构竞争力、产业技术竞争力和产业组织竞争力等。鉴于对产业竞争力研究的切入点不同，学者也从不同角度对产业竞争力内涵予以诠释。综合国内外学者研究成果，产业竞争力内涵界定大致可归纳为以下四种比较有代表性的观点。

（1）国家环境说。

迈克尔·波特（Michael E. Porter，2012）是从产业层面研究竞争力的典范，他将产业定义为："生产直接相互竞争产品或服务的企业集合"。这一产业定义综合了企业、产业和国家三个层面，为产业国际竞争力分析构建了一个较为全面的理论框架。基于该理论框架，波特将产业国际竞争力定义为："一国在某一产业的国际竞争力，为一个国家能否创造良好的商业环境，使该国企业获得竞争力。"依照波特的观点，国家竞争力取决于企业和产业的竞争力，而企业和产业的竞争力又受到"国家环境"塑造的影响。因此，国与国在某一产业的竞争，实质是国家间商业环境塑造能力的竞争。

（2）生产力说。

金碚（2003）将产业竞争力定义为："一国的特定产业通过国际市场销售其产品所体现出来的生产力。"该定义从一国特定产业参与国际竞争的视角，将产业竞争力归因于该产业相对于其国际竞争对手的比较生产力，这种比较生产力不仅包含一般的效率含义，更强调与竞争者相比较的含义，由此特定产业产品在国际市场上的份额成为衡量和检验产业国际竞争力的重要依据。

（3）比较优势＋竞争优势说。

裴长洪（2002）认为，产业作为一个集合性概念，其竞争力首先体现为在国际分工规律制约下，不同区域或国家间不同产业的比较优势，即相对竞争优势。在此基础上，对于比较优势相近的同一产业，其竞争力则进一步取决于由质量、价格、成本等一般市场因素决定的绝对竞争优势。因此，他将产业竞争力定义为："属地产业的比较优势及其在一般市场的绝对竞争优势之和。"

（4）资源要素配置说。

郭京福（2004）强调资源及生产要素的配置效率对产业竞争力的影响，他认为通过对资源及生产要素的高效配置，持续稳定获得比市场竞争对手更多财富的能力，就是产业的竞争力，它不仅表现为现阶段产业（产品）在质量、价格、品牌、差异化能力等方面的市场竞争实力，更体现为在可预见的未来，产业发展所具有的潜在能力。

3.1.2　产业竞争力分析的理论模型

产业竞争力分析是一个综合性极强的问题，从本质来看，影响产业及其产品核心竞争力的因素主要体现在两个方面：一是成本；二是产品在质量、品牌、售后服务、专业性能等方面的差异性。然而，追本溯源，这两方面因素又会受到几乎涉及经济、文化、社会、政治等领域的许多因素的共同影响。产业竞争力影响因素的复杂性给产业竞争力研究对象外延边界的确定带来了一定的困难，因此为产业竞争力分析确定一个经济分析范式，并在此基础上构建理论模型，成为学界重要的研究课题。

波特"钻石"模型为产业竞争力分析提供了一个全新且较为系统的理论框架（见图 3 - 1）。在"钻石"模型中，波特引入生产要素、需求条件、相关及支持性产业、企业战略、结构与同业竞争四项关键性要素，以及机会、政府两项辅助性要素，以分析一国如何能在某种产业的国际竞争中获得难以被模仿和复制的优势。

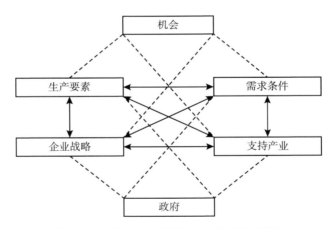

图 3 - 1　产业竞争力的波特"钻石"模型

资料来源：迈克尔·波特. 国家竞争优势 ［M］. 李明轩，邱如美，译. 北京：中信出版社，2012.

（1）生产要素。

波特指出，生产要素如人工、耕地、自然资源、基础设施等虽然在一般比较优势理论所探讨的产业竞争中扮演着重要角色，然而对国家及其产业发展而言，相较于一般性及初级要素的禀赋程度，专业性及高级生产要素的创造机制更显重要，就先进经济体中最具生产率的产业而言，其生产要素往往是来源于创造而非天然形成，不断升级和专业化的创造性生产要素为国家产业竞争力持续性提升提供了决定性的动力。

（2）需求条件。

波特认为，国内市场的质量和需求有助于刺激企业的创新升级，是产业发展的动力。国内市场的性质（客户的需求形态及特征）催生产业的竞争优势；国内市场的规模及开拓模式可以强化依附于内需市场的产业竞争优势；国内市场的国际化，即将国内市场需求转换为国际市场需求的能力进一步延续了产业的竞争优势。

（3）相关及支持性产业。

波特认为，某一国家比其竞争对手具备更健全的相关及支持性产业，对产业竞争力得以形成具有重要意义。一方面，具备国际竞争力的上游产业可以为下游产业及时、高效地提供高质量、低成本的零部件、设备及其他相关支持性活动或产品，从而形成产业竞争力自上而下的扩散；另一方面，竞争力强的产业相互关联，可以使产业间信息技术交流得以加强、互补产品及服务的需求得以提升、关联产业内的"提升效应"得以发挥，从而提升相关（产业价值相近）产业的竞争力。

（4）企业战略、结构与同业竞争。

波特认为，在国家竞争优势对产业的关系中，企业也是关键要素之一。企业的目标、战略及组织结构往往伴随着国情及产业的不同而有所差异，而产业层面的国家竞争优势实质就是这些差异条件的最优组合结果。另外，与传统经济学观点相左，波特将国内市场强有力的竞争对手视作保持产业竞争力的重要关联因素。在他看来，同业竞争之所以重要，源于其能为企业创新和改进提供原动力，而非简单静态效率的激励。

除以上四项关键性要素之外，波特还将机会、政府两项辅助性要素引入钻石模型。机会是指企业或政府力量无法控制和左右的突发性事件，例如，战争、传统技术断层性突破、能源危机等。机会在许多国家的产业成功史中扮演过重要角色，机会的出现打破了原本的竞争环境，提供了新的竞争空间，适应新环境，能够满足新需求的企业就能后来居上，取代原来的优势竞争者。政府也是产业在提升国际竞争力时必要的考虑因素，政府可以通过补贴、教育、金融等政策的实施影响产业环境，引导产业发展，提升产业竞争力。波特认为，政府政策虽然具有一定的影响力，但也受到限制。当产业已具备其他关键要素时，恰当的政府政策可以强化产业的竞争优势；而产业发展如果不具备关键要素，政府政策本身是不能直接创造产业竞争优势的。波特强调"钻石"模型是一个互动的体系，其内部每个因素都会强化或改变其他因素的表现，只有实现这些因素的相互配合、良性互动，才能引导产业创造并保持自身的竞争优势。因此，对于一个产业来说，任何一项因素的弱化和不足都会影响产业整体竞争力的提升，只有激活并综合运用所有因素，形成优势的自我强化，才能获得竞争者难以模仿和摧毁的竞争力。

各国学者在波特"钻石"模型的基础上，结合各自国情又对其进行了一系列的完善和修正。其中比较具有代表性的模型包括蒂姆·帕德莫尔和赫维·吉布森（Tim Padmore & Hervey Gibson）的GEM 模型、赵东成（2001）的九因素模型、金碚（2003）的产业竞争力分析模型、芮明杰（2006）的"钻石"修正模型等。

3.2　比较优势理论

比较优势理论解释了国际贸易的动因和流向，是国际贸易与分工的重要基础理论。从比较优势理论的演化历程来看，主要经历了古典比较优势理论、新古典比较优势理论及现代比较优势理论三个阶段。

3.2.1　古典比较优势理论

1776 年，英国古典经济学家亚当·斯密（Adam smith）在其出版的《国民财富的性质和原因》一书中提出绝对优势理论，并以此作为解释国际贸易和分工的基础。该理论认为，在自由贸易及两个国家、两种产品、一种生产要素（劳动）且规模报酬不变的假设前提下，由于各国先天禀赋或后天条件差异，每个国家都有其生产成本绝对占优，适于生产某些特定产品的绝对有利条件，如果各个国家或地区都能按其"绝对有利的生产条件"从事专门化生产并通过贸易实现交换，就会使各个国家和地区的资源、劳动力和资本等生产要素得到最充分有效的利用，进而极大地提高劳动生产率，增加国民财富。在亚当·斯密看来，贸易不是只对单方有利，而是一个使双方都获益的非零和博弈，而其基础在于各国及地区生产成本的绝对差异。亚当·斯密的绝对优势理论虽然精辟，但却无法解释现实中那些在所有产品生产成本上都处于绝对劣势地位的国家和地区该如何参与国际贸易和分工的问题。

1817 年，大卫·李嘉图（David Ricardo）突破绝对优势理论的缺陷，在其经典著作《政治经济及税赋原理》中首次提出比较优势理论。该理论认为，决定国际贸易流向及利益分配的不是生产成本的绝对差异而是相对差异。李嘉图摒弃亚当·斯密将不同国家或地区同种产品成本直接进行比较的选择方式，将区域内及区域间不同产品的劳动成本率进行比较，选择标准并非绝对值的高低，而是相对值的优劣。在这种选择方式下，即使某国在所有产品生产上都处于绝对优势或劣势，都能在"优中取重，劣中取轻"的选择模式中确定其相对优势，即比较优势。因此，比较优势可以理解为更大的绝对优势和更小的比较劣势，对于在各种产品生产成本上都处于优势地位的国家和地区，应集中资源选择生产绝对优势更大的产品；而对于在各种产品生产成本上都处于劣势地位的国家和地区，则应选择生产相对劣势更小的产品。比较优势理论在更普遍的基础上解释了国际贸易及分工动因，从理论上论证了处于不同生产力发展水平的国家，特别是生产力落后的国家参与国际贸易及分工，并从中获取"比较利益"的现实问题，从而为世界范围内更大规模贸易和分工的开展奠定了坚实的理论基础。虽然比较优势论在一定程度上突破和完善了绝对优势论的理论缺陷，但由于其偏重时点及短期的比较分析，且只考虑了单一生产要素即劳动力在国际贸易及分工中的影响，忽视了资本、技术等生产要素的重要作用，因此未能摆脱静态分析框架的束缚，与现实经济的贴近度也十分有限。

3.2.2　新古典比较优势理论

20世纪20年代，瑞典经济学家赫克歇尔（E. Heckscher）和俄林（B. ohlin）从新古典经济学均衡分析角度出发，将决定国际贸易及分工的生产要素在李嘉图单一劳动力要素决定的基础上扩展为由资本与劳动力两种生产要素共同决定，并在此基础上建立了要素禀赋理论，即赫克歇尔－俄林（H－O）定理。该定理将地区作为贸易与分工的基本地域单位，认为绝对优势理论及比较优势理论中的产品成本差异仅是造成区域贸易及分工的表象原因，而其本质原因在于区域间诸如劳动、资本、土地等生产要素的禀赋差异。这是因为要素禀赋的差异将导致区域间同类要素价格的不同，而要素价格的不同又进一步决定了产品成本的差异，进而促成了贸易与分工。因此，从生产要素禀赋的差异出发，各区域可通过密集使用本区域相对充裕的要素进行产品生产，以获得要素价格及产品成本上的比较优势，并在此基础上实现区域贸易和分工。要素禀赋理论的提出，在理论和实践上均获得了极大的成功，但是该理论舍弃了经济条件和技术水平的差异性，且假定各生产要素的生产效率相同，并将区域生产要素的禀赋差异及由此形成的比较优势认为是绝对且永恒不变的，从而忽视了生产力的动态变化。

20世纪30年代以后，学界在要素禀赋理论的基础上更加重视对比较优势动态来源的解释，这一阶段比较优势理论的发展基本遵循两条轨迹：一是进一步修正并放宽模型假定；二是更加广泛地考虑除劳动和资本之外的生产要素，以更加贴近经济现实。具有代表性的理论包括要素替代理论，技术差距理论、产品生命周期理论及人力资本优势理论。

要素替代理论认为，区域贸易与分工不能仅从区域要素禀赋差异角度进行分析，还应考虑要素组合的影响。在要素可替代的情况下，比较优势的来源应是实现区域最优生产成本的要素投入组合，即比较优势是由要素边际替代率及各要素在不同地区的价格共同决定（孙翠兰，2008）。1961 年，波斯纳（M Posner）基于技术创新理论对 H－O 模型进行修正，并提出了技术差距理论，该理论强调区域技术的创新、传播、模仿，直至区域间技术差距消失的对区域贸易及分工格局的动态影响过程。1966 年，弗农（R Vernon）提出产品生命周期理论，该理论结合技术差距理论，从要素密集度动态化视角将产品生产划分为开发（技术创新）、成长（技术扩散）、成熟（技术停滞）三个时期，其理论核心与技术差距论一样，都是将技术差异及其动态发展过程作为形成比较优势进而实现区域分工的重要源泉。2000 年，格罗斯曼（Grossman）和麦基（Maggi）构建要素禀赋相似国家贸易竞争模型，分析人力资本配置对区域比较优势和贸易的影响，将影响区域比较优势的经济要素进一步进行了扩展。

3.2.3 现代比较优势理论

20 世纪 80 年代，美国经济学家克鲁格曼（Paul R Krugman）运用产业结构及市场结构理论解释国际分工与贸易，进而推动了新贸易理论的产生，该理论也被称为内生比较优势理论或现代比较优势理论。该理论强调规模经济、产品异质化及政府政策支持是地区产业在国际分工与贸易中获得比较优势的三个重要因素。克鲁格曼在《国际贸易新理论》中指出："生产中存在着规模经济，企业不需要增加成本就能使其产品异质化。"这种由于规模经济而产生的产品差异使产品能以具有竞争力的价格向外出售；与此同时，伴随地区收入水平的提升，消费者偏好及消费需求趋向多样化，差异化产品的市场空间也将进一步得到扩大。政府政策支持方面，现代比较优势理论继承德国经济学家李斯特（Friedrich List）的"幼稚产业扶持学说"，主张政府可以通过产业政策、消费政策等干预手段对国内产业的发展壮大进行积极有效的扶持，从而促进产业竞争力的迅速提升。1993 年，梯伯特（James R Tybout）进一步发展了克鲁格曼的规模经济优势理论，提出递增性内部规模收益，并将其作为国际分工与贸易中比较优势的根源。同年，多勒尔（Dollar）修正了规模经济优势理论，认为规模经济只能解释一个国家的部分而非全部的生产专业化及比较优势，能够合理解释的原因只能是技术的差异，即新技术的产生和应用。

3.3 竞争优势理论

20 世纪 80～90 年代，美国著名管理学家迈克尔·波特（Michael E Porter）先后出版了《竞争战略》（1980 年）、《竞争优势》

（1985 年）和《国家竞争优势》（1990 年），首次完成了对竞争优势及其来源的系统阐述，创建了竞争优势理论。竞争优势理论将产业作为国家竞争力的基本研究单位，以单个产业的竞争战略原理为核心，从单个产业和竞争者切入，探讨在一些特殊产业里，国家的哪些特征有益于本国竞争优势的提升及其对政府和企业的意义。与多数学者从宏观角度探讨竞争力及国家经济发展问题不同，波特的竞争优势理论以竞争力的微观基础作为分析的起点，将微观、中观、宏观三个层面结合起来对竞争力问题进行了更为全面系统的探讨。

3.3.1 微观层面——企业竞争战略与企业竞争优势理论

在波特看来，企业是市场竞争的主角，一群以产品或服务直接进行竞争的企业构成了产业，企业凭借竞争战略的选择和实施建立其在所属产业中的竞争地位，进而影响产业竞争力及国家竞争力的提升。企业竞争战略的选择主要以企业所属的产业结构及企业在某一产业中的定位两方面为标准进行考查。从企业所属的产业结构来看，产业结构受潜在进入威胁、替代品威胁、客户议价能力、供应商议价能力及现有竞争对手五种竞争力量的影响，虽然其影响程度会因为产业不同而有所差异，但由于它们关系到企业产品定价、企业成本及企业参与竞争的资本投入，从一定程度上来讲，这五种竞争力量决定了产业的长期获利能力，而企业可依据不同的战略选择影响五种竞争因素之间的消长进而影响产业结构。因此，企业竞争战略选择是分析产业竞争优势及国家竞争优势的出发点和基础。从企业在产业中的定位来看，企业处于不同的产业环节中，其获取竞争优势需要的战略、能力及依赖的竞争资源都可能有所不同，因此企业在影响和回应产业结构的同时，必须首先明确自身在产业中的定位。企业定位以获取"竞争优势"为核心，一般可根据竞争优势的类型和竞争规模组合成四种"一般性战略"，即"成本领先战略""低成本战略""差异化战略"及"专业型差异化战略"，而企业对于每一种战略的选择都是以获取竞争优势，并在其所属产业中占据一席之地为最终目的。

企业竞争战略的作用还在于指导企业生产经营活动，并形成完整的价值链。企业通过一系列生产经营活动，为客户创造价值，而企业要想在竞争中赢得优势，必须为客户提供更高的价值。波特将企业"价值链"中的经济活动分为基本活动及支持性活动，强调价值链整合及创新对客户价值的强化作用。当企业将价值链作为一个各连接点相互配合的系统，在创新中充分发挥其网络效应，而非把价值链仅仅视作单个的、一成不变的经营活动的集合时，企业将表现出远超过内部生产经营活动总和的价值，实现其竞争优势。

3.3.2 中观层面——产业集群与产业竞争优势理论

在产业竞争优势理论的阐释中，波特突破传统地缘经济学对"集群"现象狭窄的认识，引入"产业集群"这一概念，以解释区域产业竞争优势的形成机理。波特将集群定义为"在某一特定区域下的一个特别领域，存在着一群相互关联的公司，供应商、关联产业及专门化的制度和协会"（迈克尔·波特，2012），而这些相互关联的主体间保持需求及技术信息的畅通则是产业集群的运作基础。一旦产业集群形成，集群内部的产业之间就会形成互助效应，这种互助效应最终体现为：一是能够降低交易成本，提升效率；二是能够促进激励方式的改进，创造出信息、专业化制度、声誉等集群集体财富；三是有利于通过创新条件的改善，放大或加速科技、信息及人力资源等生产要素创造力的释放，促进产业升级。通过集群内部产业之间互助效应的发挥，产业集群的整体竞争力将大于集群内部各组成部分竞争力之和，从而使区域产业竞争能力得以整体提升。

3.3.3 宏观层面——"钻石"模型与国家竞争优势理论

在《国家竞争优势》一书中，波特对包括丹麦、瑞士、韩国、美国、日本在内的 10 个重要贸易国家进行了研究，其研究重点在于国家如何在产业竞争中展现优势，并系统地提出了国家竞争优势理论。波特认为，国家竞争优势体现为该国产业升级和创新的能力，而这种能力的创造与持续是一个本土化的过程，即产业竞争的成功主要源于各国经济结构、政治体制、文化、价值以及历史等方面的差异，并在此基础上构建打造国家在产业层面竞争优势的"钻石"模型。

3.4 价值链理论

20 世纪 80 年代以来，伴随信息技术的飞速发展及经济全球化、贸易自由化的快速推进，在世界经济发生翻天覆地变化的同时，全球经济竞争也呈现出比以往更为激烈的态势。在激烈的市场竞争中，如何通过自身竞争优势的创造及保持以获得一席之位，已然成为全球企业在生存及发展中面临的首要问题，而价值链思想作为研究竞争优势的重要理论工具，也受到了学界的普遍关注。

3.4.1　价值链思想的提出——波特价值链理论

1985 年，迈克尔·波特在其著名的三部曲之一——《竞争优势》一书中首次系统地提出了价值链（value chain）的理论框架，（见图 3 - 2）。在该理论框架下，波特认为企业是一个由材料采购、产品生产、营销及售后服务等一系列可以创造价值的经营活动构成的集合体，这些经营活动在创造价值的过程中并不是孤立的，而是在彼此联系、相互依存的关系中形成了一个动态的价值创造系统，即所谓的价值链。基于制造业价值链分析，波特将企业价值创造活动（即各项经营活动）分解为基本活动和辅助活动两部分：一是基本活动，其存在于产品流向消费者的整个过程中，主要包括内部后勤（包括存货的接收、贮存等）、生产经营（包括产品的加工、装配、包装等）、外部后勤（包括产品的订单处理、实物交付等）、市场营销（包括广告、促销等）、服务（包括安装、维修等），基本活动直接创造价值并伴随产品流转将价值传递给消费者。二是辅助活动，属于支持性活动，主要包括采购、研究开发、人力资源管理以及企业基础设施的供给（包括财务、法律及全面管理等），辅助活动本身不能直接创造价值，它的功能在于通过为基本活动提供良好的保障支持使基本活动的价值创造效应得以放大。波特的价值链思想为从总体上审视企业的所有行为及其相互关系提供了一个系统的方法。在波特看来，企业间的竞争不仅仅是某一经营环节或活动的竞争，更是整条价值链上各项经营活动的综合竞争，企业的竞争优势最终来源于企业价值链整体的综合竞争力。因此，价值链被波特视为判定竞争优势的基本工具。

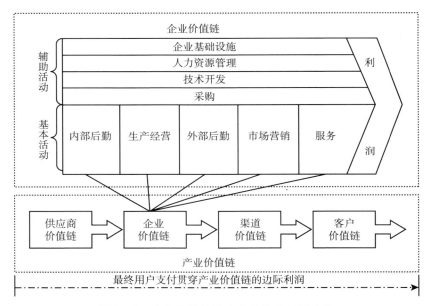

图 3-2 企业价值链及产业价值链模型结构

资料来源：迈克尔·波特.国家竞争优势［M］.李明轩，邱如美，译.北京：中信出版社，2012.

当价值链理论的研究视域从某一特定企业内部向外扩展为其所处产业整体时，就形成了一条产业价值链（industrial value chain）。产业价值链是产业内各行为主体（企业）依据其特定的逻辑关系及时空布局而形成的价值链条，具体表现为企业价值链与供应商价值链、渠道价值链及客户价值链在价值上的垂直链接。产业价值链从产业层面对产业内部所有企业的价值活动进行整合，这些活动囊括并贯穿了产业中价值创造、分配及传递的全过程，而产业价值链构建的意义就在于通过企业间价值在更高层次价值系统中的融合和创新链接从而实现各企业及产业整体的价值增值。

3.4.2　波特价值链理论的评价

相较于以内部管理或外部环境的优劣来解释企业竞争力的传统观点及方法，波特价值链理论框架的提出为企业竞争优势分析提供了一个全新的视角，主要表现在以下三个方面：①强调企业竞争优势的来源归根结底在于其所能为客户创造的价值，并对企业各项经营活动从直接价值创造和辅助价值创造两方面重新进行评价和识别。②企业获取并保持竞争优势的关键在于有效识别并充分重视企业价值链上特定的"战略环节"，这些"战略环节"是企业价值创造的主要来源，"战略环节"优势的发挥决定着企业的业绩高低和成败与否，是企业价值链中的核心环节。③价值链分析应该综合企业价值链分析及产业价值链分析两个维度，企业价值链分析的意义在于识别实现企业价值增值的核心价值活动，锁定企业价值管理的核心环节，提升企业竞争力；产业价值链是企业价值链的前后向延伸，产业价值链分析的意义在于将独立创造价值的各个企业通过产业链的价值组织形式串联起来，一方面为各企业明确其在产业中的地位并挖掘其相对优势提供参考依据，另一方面也实现了各企业价

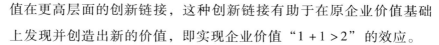

值在更高层面的创新链接，这种创新链接有助于在原企业价值基础上发现并创造出新的价值，即实现企业价值"1+1>2"的效应。

虽然波特的价值链理论在提出以后得到了广泛的关注与实践运用，但伴随科技进步及由此带来的经济环境的不断改变，该理论的局限性也日益显现出来，主要表现为：①波特价值链理论描述的实质是一条基于物质资源的价值链，虽然它也肯定信息技术在价值创造中具有不可忽视的作用，但在价值活动分类中依然仅将其视为有助于价值增值的辅助活动而并没有将信息技术作为独立的价值源泉。与此相悖，在知识经济时代，信息技术已然成为一项独立的生产要素，在企业价值增值中发挥着甚至比传统物质资源更为重要的作用。摒弃对物质资源的依赖，利用信息为客户创造新的价值增值点已经成为现代企业提升竞争力的新途径和新手段。②波特价值链理论以单个企业视角分析企业内部的经营活动及其与上游供应商及下游渠道、客户之间可能产生的链接，意图通过企业内部各项经营活动的协调及合理组织实现企业价值最大化。这一思想在20世纪80年代以前是有其先进性的，但是进入21世纪，伴随全球经济一体化和信息技术的飞速发展以及互联网技术的广泛应用，任何企业都不是也不可能成为"独立"的存在。因此企业仅仅专注并局限于自身价值活动的合理组织而不考虑与其他企业的多方联系，是难以在新经济时代获得竞争优势的。③波特价值链理论作为工业经济时代的产物，其理论框架的构建是立足于提供有形物质产品的制造企业，而在知识经济时代，当面对以无形服务或智力成果为产品的现代企业时，其理论框架的适用性也受到了相应挑战。

3.4.3　价值链理论的新发展

波特的价值链理论一般被称为传统价值链理论，20世纪90年代开始，伴随全球化和信息化的快速推进以及人们对价值链认识的逐步深入，价值链理论也有了新的发展。

3.4.3.1　虚拟价值链理论

1995年，哈佛商学院教授杰弗里·雷鲍特和约翰·斯维奥克拉（Jeffrey F Rayport & John J Sviokla，1995）在吸收和借鉴波特传统价值链理论的基础上，开创性地提出了虚拟价值链（Virtual Value Chain，VVC）的思想。与传统价值链相比较，虚拟价值链在价值创造及实现价值增值过程中具有以下重要特征：一是价值创造的非物质性。从虚拟价值链实现价值增值的过程看，虚拟价值链各环节的价值活动摆脱了土地、资本、劳动等传统物质资源数量与成本的束缚，将企业间的竞争由物质资源消耗层面提升到信息的综合利用层面。二是价值创造的非线性。传统价值链的价值增值是依托材料采购、产品生产、销售及售后服务等一系列连续的生产经营活动，体现为线性的价值增值过程。而虚拟价值链价值活动呈矩阵分布，表现为非线性的价值增值过程。三是价值创造的顾客参与性。虚拟价值链利用信息构筑了企业与顾客新的关系，顾客不再是被动的价值接受者，而是借助互联网技术，在信息共享的条件下参与价值的创造，实现顾客价值增值，进而提升顾客效用。虚拟价值链这种"信息+用户"的价值增值方式，将企业间的竞争由量的层面推升至质的高度，丰富了企业竞争的内涵。

3.4.3.2 价值网理论

价值网（value web）的概念是美世管理顾问公司（Mercer Management Consulting）全球副总裁史莱沃斯基（Slywotzky，2007）在《利润区》（*The profit zone*）一书中最早提出的。作为一种新的业务模式，价值网与传统价值链的区别在于：①传统价值链中，供应商、企业、顾客是线性联结关系，而价值网则是由包括供应商、企业、顾客、合作伙伴以及竞争者在内的所有成员构成的交互式网络关系。②传统价值链中，顾客是企业的营销对象，企业通过市场手段向其推销产品并提供售后服务，顾客是企业产品和服务的被动接受者，而价值网是一种以顾客需求为核心的价值创造网络体系，在该网络体系中，采购、生产及销售等经营活动均由消费者的需求及选择引发，顾客不仅是价值消费者，更是价值的共同创造者。③传统价值链关注单个企业有形生产资料在上下游环节的流通，目的是降低单个企业产品成本，提高生产效率；而价值网关注网络中的信息流通及共享，目的在于实现顾客利益最大化及所有网络成员效率的共同提升。

3.4.3.3 全球价值链理论

2000 年 9 月，在吸收并融合了价值链、商品链、全球商品链及全球化等理念的基础上，"全球价值链"的概念在意大利贝拉吉尔国际研讨会上被正式提出。联合国工业发展组织将全球价值链定义为全球范围内为实现商品或服务的价值而联结材料供应及运输，产品生产及销售，产品最终消费及回收处理整个过程的全球性跨企业网络组织。它囊括了所有参与者及产供销等活动的组织、利益及价值分配（熊英、马海利、刘义胜，2010）。动力机制、租金来源、治理结构、价值链升级是构建全球价值链理论框架的四个核心问题。一般而言，全球价值链升级遵循由易至难的价值递增原则，可划分为工艺流程升级、产品升级、功能升级以及链条升级四个层次，购买者驱动模式的全球价值链基本遵循这一演化路径实现其升级过程，而生产者驱动模式的全球价值链则由于其产业和产品的特性呈现出更为复杂的升级过程。

3.5　信息不对称理论

3.5.1　信息不对称理论的溯源

伴随信息经济学的兴起，信息不对称理论作为其核心内容，越来越受到学界的关注。在新古典经济学中，亚当·斯密提出"看不见的手"理论，市场能够自发地对资源进行有效配置并实现供给与需求的平衡。该理论成立是以完全信息为前提假设，即市场上供需双方都具有充分的、完全的信息，并能够据此做出理性的判断和行为。然而，在现实的市场经济活动中，由于市场主体间信息不对称现象的普遍存在，新古典经济学完全信息的假设往往难以获得满足。1945 年，哈耶克（Hayek）首先发起了对完全信息假设的质疑，并在其论著《知识在社会中的利用》（1945）中明确指出市场信息是非对称、非充分的。此后，信息不对称问题在学术界得到了系统持续的讨论和研究。20 世纪 70 年代，阿克洛夫（Akerlof）、斯蒂格里茨（Stiglitz）、斯宾塞（Spence）等美国经济学家分别对一般商品市场、金融市场、劳动力市场等多个领域的信息不对称问题进行了系统研究，并提出了"旧车市场模型"① "保险市场模型"以及"劳动力市场模型"②，这些理论模型的提出也标志着信息不对称理论的正式创立③。

　　根据信息不对称理论，在现实的市场经济活动中，分工以及由此产生的专业化会使市场上的交易双方出现信息不对称的问题。相较于买方来说，卖方通常掌握更多的与商品有关的信息，处于信息优势地位。出于逐利动机，卖方一般会利用其在信息上的天然优势对相对处于信息劣势的买方进行"剥削"，而由此触发的市场经济活动中的"逆向选择"及"道德风险"问题将严重破坏市场运行秩序，甚至导致市场失灵。鉴于此，信息不对称理论研究的主要目的就在于如何破解由于信息不对称而产生的"逆向选择""道德风险"，进而导致市场失灵问题。

　　经济学家以契约签订为关键事件对信息不对称问题进行了类别上的划分，将签约之前的信息不对称统一归类为"逆向选择"问题，而将签约之后的信息不对称统一归类为"道德风险"问题。本书鉴于篇幅和研究内容，只对"逆向选择"问题进行理论综述。阿克洛夫（Akerlof，1970）在讨论二手车市场交易问题时，对"逆向

---

①② George A Akerlof. The market of "Lemons": Quality uncertainty and the market Mechanism [J]. The Quarterly Journal of Economics, 1970, 84 (3): 488 – 500.

③ 华冬芳著. 技术市场的信托构建与交易效率 [M]. 南京：南京师范大学出版社，2019.

选择"问题的产生及其危害进行了详细解释。在二手车市场上，卖方提供的二手车会存在车况质量上的差异，而潜在的消费者（买方）由于信息不对称难以获得关于车况质量的真实信息，因此，他只愿以市场平均质量出价，即优质品价格和劣质品价格的平均水平。消费者的这种选择必然会使优质的二手车逐渐退出市场，因为此时消费者的出价低于优质品的价值，甚至可能不足以抵偿其成本。伴随优质二手车的逐渐退出，市场上劣质二手车的比例会趋于上升，当消费者发现市场上参与交易的二手车多为劣质品时，他们对二手车的期望价值会进一步下降，而愿意支付的价格也随之继续走低，进而迫使优质二手车更多地退出市场。在这种恶性循环的机制作用下，最终留在市场上的只可能是价值和生产成本都最低的劣质产品，即劣质产品将优质产品完全挤出市场，而这一过程则被称为"逆向选择"。由于"逆向选择"，当市场上只剩下劣质产品时，除非消费者愿意消费劣质低价的产品，否则该市场将必然从萎缩走向崩溃。

3.5.2 农产品交易中的信息不对称

长期以来，在经济学的研究中，农产品市场一直被视为是一个近似于"完全竞争"的市场。然而，由于农业生产力的不断提升及社会经济发展带来的人民生活水平的改善，现实中的农产品市场无论从供给还是需求方面，都发生了较大改变，并呈现出产品差异、非价格竞争等不完全竞争市场所具有的特征，而这些特征也导致了农产品市场交易信息不完全的问题。

产品自身的特征会对消费者能否以及在多大程度上获得产品信

息产生影响。纳尔逊（Nelson，1970）根据商品特征信息的传递方式不同，将商品区分为搜寻型商品和经验型商品①。其中，搜寻型商品是消费者在选购之前通过自己检查就可获得其质量信息的商品，即消费者通过对产品外显特征的观察和接触就可以获得其内在质量属性；经验型商品是必须经过消费者的实际购买并使用后才能获得其品质信息的商品，如果该类商品需要重复购买，则消费者下一次的购买决策在很大程度上取决于上一次的消费体验。对于农产品来说，经过不同工艺过程的同一种产品或是不同品级的同一类产品，其有些质量信息可以通过观察和接触直接获得，具有搜寻型商品的特征，如外包装、形状、色泽、大小、重量以及原产地等；而其余诸如口感、味道以及营养保健功能等方面的质量信息，则需要消费者在购买消费后才能获得，具有经验型商品的特征。由于农产品兼具搜寻型商品和经验型商品的特征，消费者难以获得产品质量的完全信息，由此也导致了农产品市场的信息不完全问题。产品质量信息的不完全会引发"逆向选择"进而破坏市场秩序，最终使农产品市场在事实上沦为"柠檬市场"②。

3.6 理论评价

上述基础理论为本书研究框架的制定和具体研究内容提供了思

---

① Nelson P. Information and consumer behavior [J]. Journal of Political Economy，1970，78（2）：311-329.

② "柠檬"在美国俚语中表示"次品"或"不中用的东西"，所以"柠檬市场"也称次品市场。

想上的启发及理论上的借鉴，具体如下：

第一，农业特色产业内涵特征对比较优势理论的借鉴。农业是自然再生产与经济再生产有机结合的产物。从自然再生产过程来看，各个国家、区域存在着区位、自然资源禀赋等方面的差异；从经济再生产过程来看，各地经济、社会、技术发展水平也存在较大差异。因此，每个国家、区域在农业再生产过程中都有自身先天或后天的比较优势，而发展农业特色产业，就是要充分挖掘并发挥各地的比较优势，在农业发展中突出地方特色，因地制宜。因此，农业特色产业是比较优势理论在农业产业化发展中的具体运用和体现。

第二，西部县域农业特色产业竞争力对比较优势理论和竞争优势理论的借鉴。比较优势决定着产业发展的基础条件，拥有比较优势意味着产业具备了发展壮大的潜能，是一种潜在的优势和竞争力。然而，区域良好的要素禀赋和有利的生产条件并不直接形成产业在市场上现实的竞争力，现实的竞争力来源于产业的竞争优势。西部县域发展农业特色产业，提升农业特色产业竞争力的实质就是要有效激发和利用自身特有的历史文化及自然资源，加速实现区域潜在优势（比较优势）向现实优势（竞争优势）转化的过程。

第三，西部县域农业特色产业竞争力模型构建对产业竞争力理论及波特"钻石模型"的借鉴。从产业成长的视角看，像竞争力的要素禀赋结构决定论这种论断，因任何成长问题都是功能性结构化的一个内在解，一般化的"结构—行为—绩效分析"框架都是成立的。但是，对不同成长背景、不同成长阶段的产业，其不同的禀赋结构在价值链增值中的功用不尽相同，特别是对于县域农业特色产业的竞争力，问题的关键是如何突出其自身成长中特殊禀赋结构的重要性，这是一般化的功能性结构难以完成的任务。因此，针对县域农业特色产业在要素禀赋结构上的特殊性，创造性地构建产业竞争力模型，是本书的核心研究任务。

第四，西部县域农业特色产业竞争力中产业要素分析对信息不对称理论的借鉴。原产地特殊稀缺的不可流动要素是特色农产品功能性价值形成的天然物质基础，而这种功能性价值及隐藏在其背后的不可流动要素能否被市场识别，则最终决定着生产者的收益及产业的市场竞争力。根据信息不对称理论，产品异质性与产品信息不完全性的特征使特色农产品市场事实上沦为"柠檬市场"，在这样一个市场里，特色农产品的高品质难以获得消费者的识别和认可，并由此引发"逆向选择"问题。由此，破解特色农产品市场中的信息不对称问题，就成为西部县域农业特色产业竞争力提升首先要解决的问题。

第五，西部县域农业特色产业竞争力中企业战略选择对价值链理论的借鉴。企业战略的作用在于指导企业从事各种交易活动，并组织完整的企业价值链。在产业竞争中，企业价值链事实上附属于一个包含上游供应商以及下游营销渠道和终端客户等价值单元在内的更为庞大的价值体系中，即产业价值链。在产业价值链中，各价值环节环环相扣，在实现自身环节价值增值的同时，也决定着最终产品价值的实现。由此，从产业价值链重构视角引导西部县域农业特色产业发展，通过产业价值链优化升级实现产业竞争力提升，是西部县域农业特色产业及相关企业主体发展的重要战略选择。

综上所述，比较优势理论与竞争优势理论为本书研究西部县域农业特色产业及其竞争力提供了理论依据，即西部县域农业特色产业竞争力的实现是一个由比较优势向竞争优势转化的过程；产业竞争力理论及波特"钻石模型"为本书的竞争力模型构建提供了基本的框架设计；价值链理论及信息不对称理论则为本书构建的竞争力模型中具体要素与竞争力关系的分析提供了理论支撑及思想借鉴。此外，本书在需求条件、政府政策与西部县域特色产业竞争力分析中，也借鉴了部分消费者价值感知理论的思想及新结构经济学中"有为政府"的思想，鉴于其不属于本研究的核心基础理论，故没有在此进行综述，仅在相关章节中简单提及。

第4章

农业高质量发展与西部县域农业特色产业

4.1 高质量发展的经济学阐释

2010 年以来，我国经济开始由年均"两位数"的持续高速增长逐渐放缓过渡为 6% ~ 7% 的中高速增长，这种增长速度的换挡，意味着我国进入了以"三期叠加"和"四降一升"为背景特征的经济"新常态"。在新常态下，我国经济增长开始由规模速度型粗放增长方式转变为质量效率型集约增长方式，而伴随着我国经济发展由"数量时代"进入"质量时代"，高质量发展作为新常态下经济发展的主题，则成为经济学界关注的理论热点问题。

金碚（2018）从经济活动的本真性出发，认为马克思的商品二重性即商品具有使用价值与交换价值是正确认识"高质量发展"问题的理论根基。首先，人类从事生产活动的直接目的是获得有用产品的使用价值，以满足个人实际生活中的各种需要，而所谓有用产品及其使用价值的高低其实就包含了产品的具象性质量要义。因此，从经济学角度理解，所谓质量就是"产品能够满足人类实际生产生活需要的使用价值的特性"。其次，伴随人类社会从自给自足的自然经济走向以分工为基础的市场经济，交换成为经济中的普遍现象。在交换过程中，有用产品的供给方以获得交换价值（货币）为目的，而有用产品的需求方则以获得有用产品的使用价值为目的，并且参与交换的供需双方都会递次成为供给方与需求方，并以获取有用产品的使用价值为最终目的。由此，在市场经济条件下，单个生产者的生产目的不再单纯只是为自身提供使用价值，而开始转变为通过向别人提供使用价值来换取自己所需的使用价值。此时，使用价值体现为一种质量合意性，生产者不仅考虑自身消费的产品质量是否合意，更关注自己提供的使用价值（质量合意性）是否得到需求方的接受和认可，因为只有购买者对使用价值（质量合意性）的需求得到满足，使用价值才能获取交换价值。更为重要的是，市场经济条件下的供求关系是竞争性的，提供相同或类似产品的供给方要在众多的竞争者中实现其产品的交换价值，这就要求其产品在价格不变的条件下具有高于竞争对手的使用价值，即以更高的质量合意性或更好的性价比满足消费者的需求。此时，质量的内涵不仅是满足消费者需要的使用价值的特性，更包含了以更高的性价比（即质量的比较优势）有效满足社会需求的竞争力特征。

改革开放 40 多年来，我国国民经济经历了持续的高速增长，人民生活水平得以显著提升。然而，当经济增长数量层面不足的问题得以有效解决后，我国经济发展质量层面的矛盾及问题开始凸显。经济发展质量层面的问题实际是经济结构的问题，而经济结构的优化则成为提升经济发展质量、化解矛盾和问题的必要途径。2015 年10 月，习近平总书记在中央财经领导小组第十一次会议上首次提出要"在适度扩大总需求的同时，着力加强供给侧结构性改革，着力提升供给体系的质量和效率"。供给侧结构性改革实际上是从产品及其使用价值层面出发，而改革的根本目的则是提高产品供给质量，以满足人民群众日益增长的物质文化需求。正如厉以宁教授（2015）所讲，从供给方发力，就是要让产品更具个性化，服务更具人性化，品牌更具国际化。

4.2 农业高质量发展的内涵

伴随我国经济由高速增长阶段向高质量发展阶段转变，农业作为我国国民经济的基础，也进入全面推进新旧动能转换，由产量效益向质量效益转变的农业高质量发展阶段。一方面，农业高质量发展成为推进我国农业现代化新的方向和目标；另一方面，对农业现代化的深刻认识及系统阐释也赋予了农业高质量发展更丰富的内涵。党的十九大报告中明确提出要着力构建"现代农业产业体系、生产体系和经营体系"，其中，构建现代农业产业体系的核心是通过延伸拓展传统农业的功能边界，提升农业产业竞争力，其特征为融合化、高级化、市场化；构建现代农业生产体系的核心是保障供应链、提升价值链、完善生态链，优化农产品供给结构，其特征为机械化、绿色化、科技化；构建现代农业经营体系的核心是培养各类新型农业经营主体并充分发挥其引领作用，实现小农户与现代农业发展的有机衔接，其特征为组织化、社会化、集约化。"三大体系"作为现代农业的体系支撑，在构建农业现代化内涵框架的同时也指明了农业高质量发展的路径和方向，赋予农业高质量发展更丰富的内涵特征。本书认为，农业高质量发展的内涵特征应该从高品质农业、高效益农业，高效率农业、高素质农业四个方面理解。

4.2.1　高品质农业

改革开放以来，我国经济飞速发展，居民收入及消费增长较快，人民生活水平得到持续改善。据国家统计局测算，2019 年我国人均国内生产总值（GDP）为 10276 美元，稳居上中等收入国家行列，我国最终消费支出对经济增长的贡献率为 57.8%，相较资本形成总额高出 26.6 个百分点，是全球最具成长性的消费市场①。与此同时，作为全球中等收入群体规模最大的国家，我国居民消费升级态势显著，中高端消费需求不断释放。2019 年，我国居民人均消费支出中服务性消费支出占比达 45.9%，全国居民恩格尔系数为 28.2%，分别比上一年提高 1.7% 和下降 0.2%②。伴随消费能力的提升及消费结构和消费需求偏好的升级，民众对农产品的关注开始由过去的数量是否充足转变为现在的质量是否可靠，优质、安全、营养的绿色有机食品已逐渐成为农产品市场消费的主流。因此，农业高质量发展首要的切入点就是"推进质量兴农"，通过农产品品

---

①②　宁吉喆. 中国经济再写新篇章（经济形势理性看）［N］. 人民日报，2020 - 01 - 22（09）.

质的提升和品类的极大丰富，充分满足居民不断释放的多样化、个性化、定制化的新型农产品消费需求，进而实现农产品供给在更高水平上与居民消费结构的匹配。

4.2.2　高效益农业

从产业层面来讲，质量与效益提升是产业实现转型升级的重点。农业高质量发展在致力于农产品品质提升的同时，更应强调农业产业效益的显著提升，即质量效益的提升。这里的效益既包括经济效益，还包括生态环境效益。从经济效益层面来讲，长期以来，我国农业产业效益受到成本与价格的双重制约，一方面，粮食生产成本受国内整体要素价格变动影响持续上升；另一方面，由于传统农业生产先天的弱质性及其产品严重的同质性导致农产品价格持续低迷，收入弹性较小。进入农业高质量发展阶段，实施创新驱动，吸引人才、资金、科技等先进要素向农业产业集聚，促进产业节本增效，提升产业竞争力；积极推进农村多元产业深度融合，不断拓宽农业增值空间，以新产业、形成品、新动能促进农民增收、农村繁荣都是农业高质量发展的应有之义。从生态环境效益层面来讲，农业绿色发展是农业高质量的重要基础，通过发展绿色生态农业，将产业发展与生态环境保护有机结合起来，既维护了农业生态系统的可持续性，又提升了农业资源的利用效率和农产品的质量安全标准，在"产业生态化、生态产业化"的发展路径中实现高质量农业经济效益和生态效益的同步发展。

4.2.3 高效率农业

马克思指出，农业生产效率的提高是农业现代化的核心，较高的农业生产效率一方面可以加速农业人口向非农产业转移，进而深化产业分工；另一方面也能够刺激资本对农业的投入，实现农业生产的规模化、集约化①。高效率首先体现在生产的高效率上，改变过去"小而散"的耕作方式，通过农业资本与技术的集中投入，以"大而统"的形式实现农业生产要素及资源利用效率的提升，进而实现单位面积农产品产量和质量的提高。高效率同时还体现为组织经营的高效率，进入新时期，农业生产不再是以数量为导向，而是在买方市场下以需求为导向，以销定产，通过市场效率的实现获得经济效益的提升。把土地整合起来，把农户联合起来，实现规模化、集约化的组织经营管理，不仅有利于推动农业生产者与市场的有效对接，提升农产品市场竞争力，还可以大幅度降低小农户的农业信息成本，提高农民收入水平，推动农村农业经济发展。

4.2.4 高素质农业

培育高素质农业是农业高质量发展的基础。笔者认为，高素质农业可以从农业产业素质及农业从业人员素质两个方面理解。首

---

① 汪发元，孙雪莹，胡容，等. 乡村振兴战略背景下特色农业发展研究 [M]. 北京：中国农业出版社，2018.

先，产业素质对应产业结构的质量，其高低最终体现为产品在市场的竞争力。近年来，我国农业产业实现了高速发展，但产业链条短，产品附加值低，有效供给与市场需求变化不匹配等问题依旧突出，产业发展囿于"高产量、高库存、高进口"的困境。因此，提升农业产业竞争力，打造高素质农业，必须要着眼于产业链、价值链的打造，在重新整合农村资源要素的基础上推动农村一二三产业融合发展，实现农业产业结构升级。其次，多元化的新型农业经营主体作为新时期农村先进生产力的代表，既是推动农业现代化进程的中坚力量，也是实现农业高质量发展的重要基础。新型农业经营主体脱胎于小农户，其实质是小农户在适应农业现代化发展过程中创立发展起来的各种不同形式的生产经营组合。这些经营组合能否成功转型，升级为新型农业经营主体甚至现代化的农业产业龙头企业，一定程度上取决于我国农民队伍整体素质的提高。据《2019年全国高素质农民发展指数》显示，我国高素质农民中有62.03%成为规模经营农户，36.14%的土地经营规模达到100亩①以上，24.76%高素质农民采用了喷灌或滴灌等节水技术，39.56%的高素质农民减量使用化肥或农药，85%的高素质农民实现了畜禽粪便、秸秆和农膜资源化利用等②。农民是农业发展的基础力量，高素质农民是兴农、强农的根本，是推动农业高质量发展的生力军。伴随我国高素质农民队伍整体质量逐步提升，农民职业化进程快速推进，高素质农民及充满活力的新型农业经营主体将成为我国农业高

---

① 1亩≈0.067公顷，此处为原文引用，故不做修改。

② 王静.《2019年全国高素质农民发展报告》发布 [N/OL]. (2019 – 10 – 31) [2022 – 05 – 10]. http://www.rmlt.com.cn/2019/1031/560523.shtml.

质量发展的重要显示性指标。

4.3　西部地区农业高质量发展评价

本章从农业高质量发展的内涵特征出发，参考何红光（2018）、辛岭（2019）、洪波（2019）等学者关于农业高质量发展的评价指标设计，构建农业高质量发展测度指标体系，并对我国除西藏自治区之外的 30 个省域农业高质量发展水平进行全面测度①，以期从对全国整体层面对西部地区农业高质量发展水平做出客观评价。

4.3.1　农业高质量发展测度指标体系构建

本章依据农业高质量发展的内涵特征，遵循指标选取的科学全面性原则及数据的可获得性、可操作性原则，从高品质农业、高效益农业、高效率农业、高素质农业四个维度（一级指标），构建了我国农业高质量发展测度指标体系，包括 8 个二级指标、22个三级指标（见表 4-1）。具体来看，高品质农业主要从农产品质量与农产品创新强度两个方面衡量，其中，以绿色农产品产地面积比重、绿色农产品产量比重及农产品注册商标比重反映农产品质量情况；以农产品电商发展强度及休闲农业发展强度反映农产品创新强度。高效益农业主要从农业发展的经济效益和生态效益两方面衡量，其中，以农村居民家庭人均可支配收入、城乡收

---

① 本书研究数据不含我国港澳台地区，后面不再赘述。

入比及农村生活水平反映农业发展的经济效益；以化肥施用强度、农药施用强度及森林覆盖率反映农业发展的生态环境效益。高效率农业主要从生产效率及组织经营效率两个方面衡量，其中，以节水灌溉面积比重、农业机械化水平及劳动生产率反映农业生产效率；以农户规模经营指数、土地集约经营指数及农户组织化程度反映农业规模集约发展的组织经营效率。高素质农业主要从从业人员素质和农业产业素质两方面衡量，其中，以高中以上学历劳动力占比、科技活动人员比重反映农业从业人员整体素质水平；以农业服务业占比、农村非农就业占比及从业结构优化指数反映农业产业素质。

表 4 - 1　　　　　　　　　　农业高质量发展测度指标体系

维度指标 （一级指标）	要素指标 （二级指标）	基础指标 （三级指标）	指标度量方式	指标属性
高品质	农产品质量	绿色农产品产地面积比重	绿色食品原料标准化生产基地面积/农作物总播种面积	+
		绿色农产品产量比重	绿色农产品产量/主要农产品产量	+
		农产品商标注册比重	拥有注册商标的合作社数/农民专业合作社数	+
	农产品创新强度	农产品电商发展强度	开展农村电子商务的合作社数/农民专业合作社数	+
		休闲农业发展强度	开展休闲农业和乡村旅游的合作社数/农民专业合作社数	+

维度指标 （一级指标）	要素指标 （二级指标）	基础指标 （三级指标）	指标度量方式	指标属性
高效益	经济效益	农村居民家庭人均可支配收入	可支配收入＝工资性收入＋经营净收入＋财产净收入＋转移净收入	＋
		城乡收入比	城镇居民人均可支配收入/农村居民人均可支配收入	－
		农村生活水平	恩格尔系数＝食品支出金额/消费支出总金额×100%	－
	生态环境效益	化肥施用强度	农用化肥施用折纯量（万吨)/农作物总播种面积（万亩)	－
		农药施用强度	农药使用量（万吨)/农作物总播种面积（万亩)	－
		森林覆盖率	森林面积/土地面积	＋
高效率	生产效率	节水灌溉面积比重	节水灌溉面积/耕地灌溉面积	＋
		农业机械化水平	农业机械总动力/耕地面积（万千瓦/千公顷)	＋
		劳动生产率	农林牧渔增加值/农业从业人员	＋
	组织经营效率	农户规模经营指数	1－（经营耕地10亩以下的农户数/农户总数)	＋
		土地集约经营指数	家庭承包耕地流转总面积（万亩)/耕地面积（万亩)	＋
		农户组织化程度	参与农民专业合作社的普通农户数/农户总数	＋

维度指标 （一级指标）	要素指标 （二级指标）	基础指标 （三级指标）	指标度量方式	指标属性
高素质	从业人员素质	高中以上学历劳动力占比	高中以上学历农业从业人员/农业从业人员	+
		科技活动人员比重	农村农业技术人员/农业从业人员	+
	农业产业素质	农业服务业占比	农林牧渔服务业生产总值/农林牧渔生产总值（亿元）	+
		农村非农就业占比	1-（从事第一产业劳动力数/农村劳动力总数）	+
		产业结构优化指数	1-（农业总产值/农林牧渔业总产值）	+

资料来源：笔者整理。

4.3.2 农业高质量发展测度

4.3.2.1 数据来源

本章数据主要来源于国家统计局官网、中国绿色食品发展中心官网的《2018年绿色食品统计年报》《2018年中国农村经营管理统计年报》《2019年中国农村统计年鉴》、各省区市《2019年统计年鉴》及《2018年国民经济和社会发展统计公报》。

4.3.2.2 测度方法

本章运用熵权法及多目标线性加权函数法构建农业高质量发展

综合评价指数模型，并对 2018 年我国除西藏自治区以外的 30 个省域农业高质量发展水平进行测度。主要步骤如下。

（1）评价矩阵标准化。设 n 为研究样本数，反映其农业高质量发展水平的测度指标有 m 个，分别为 r_i（$i=1$，2，$\cdots$，m），从而获得评价矩阵为：

$$R'=(r'_{ij})_{m \times n}(i=1,2,\cdots,m \quad j=1,2,\cdots,n) \quad (4-1)$$

式（4-1）中，r'_{ij} 为第 j 个省域在第 i 项指标上的原始统计数据。本研究以全国除西藏自治区以外的 30 个省域单元为研究对象，选取 22 个测度指标对全国农业高质量水平进行测度，因此 $n=30$，$m=22$。

由于测度体系中各测度指标的测量单位存在差异，故采用极值法对原始统计数据进行标准化处理，即对评价矩阵 R' 标准化，得到标准化后的矩阵为 $R=(r_{ij})_{m \times n}$，从而消除原评价矩阵中变量的量纲效应以及数量级差异产生的影响。由于指标体系中存在正向指标与逆向指标，故需分别对其进行标准化处理，标准化公式如下。

$$正向指标：r_{ij}=\frac{r'_{ij}-\min_j(r'_{ij})}{\max_j(r'_{ij})-\min_j(r'_{ij})} \quad (4-2)$$

$$逆向指标：r_{ij}=\frac{\max_j(r'_{ij})-r'_{ij}}{\max_j(r'_{ij})-\min_j(r'_{ij})} \quad (4-3)$$

式（4-2）、式（4-3）中，r_{ij} 为对原始指标数据 r'_{ij} 进行标准化后的指标数据值，$\min(r'_{ij})$ 和 $\max(r'_{ij})$ 分别为第 i 项指标的最小值和最大值。

（2）计算熵权。利用标准化后的矩阵 $R=(r_{ij})_{m \times n}$，对有 m 个测度指标、n 个研究样本（m，n）的测度评价问题，计算相关各指标的信息熵。第 i 项指标的熵值 E_i 可定义为：

$$E_i = -k \sum_{j=1}^{n} f_{ij} \ln f_{ij} \quad (0 \leq E_i \leq 1) \qquad (4-4)$$

式（4-4）中，$k = \dfrac{1}{\ln n}$（$k > 0$），$f_{ij} = \dfrac{r_{ij}}{\sum\limits_{j=1}^{n} r_{ij}}$（当 $f_{ij} = 0$ 时，

$f_{ij} \ln f_{ij} = 0$）。

指标熵值确定后，计算第 i 项指标的熵权 W_i，计算公式为：

$$W_i = \frac{1 - E_i}{m - \sum\limits_{i=1}^{m} E_i} \qquad (4-5)$$

式（4-5）中，$1 - E_i$ 为第 i 项指标的熵值冗余度（差异程度）。冗余度是对信息确定性、有序性及可预见性的计量，与熵值成反比，即熵值越小，指标间差异程度越大，熵权也越大；熵值越大，指标间差异程度越小，熵权也越小。熵权越大说明该评价指标为决策者提供的信息越有效，该指标也就越重要。

（3）计算综合评分。农业高质量发展的测度评价具有多层次性和复杂性，其指标体系涵盖了不同层面、不同类型及属性的单项指标，这些单项指标从各个侧面反映了我国农业高质量发展的情况。在此基础上，为了进一步综合反映和评价我国农业高质量发展水平，本章采用多目标线性加权函数法综合计算我国各省域农业高质量发展各准则层得分及综合得分，具体计算公式如下：

$$Y_{sj} = \sum_{i=1}^{p} W_i r_{ij} \qquad (4-6)$$

式（4-6）中，Y_{sj} 为第 j 个省域第 s 个准则层得分，p 为该准则层所含指标数量。

$$CEI_j = \sum_{s=1}^{4} Y_{sj} \qquad (4-7)$$

式（4-7）中，CEI_j 为第 j 个省域农业高质量发展水平综合得分。CEI_j 越大，说明该省域农业高质量发展综合水平越好。

4.3.2.3　测度结果

基于本章构建的农业高质量发展测度指标体系及上述公式（4-2）~式（4-7），利用 Matlab 软件，分别得出我国各省（区、市，不含西藏自治区）农业高质量发展水平综合得分及各准则层得分，具体如表4-2所示。

表4-2　　　　　　　　　农业高质量发展测度结果

地区	农业高质量发展水平综合得分 CEI	高品质农业 Y_1	高效益农业 Y_2	高效率农业 Y_3	高素质农业 Y_4
全国	0.2810	0.0785	0.0660	0.0788	0.0577
北京	0.5585	0.2358	0.0745	0.0943	0.1538
天津	0.3148	0.0356	0.0730	0.0673	0.1389
河北	0.2417	0.0440	0.0639	0.0903	0.0435
山西	0.1606	0.0083	0.0633	0.0439	0.0451
内蒙古	0.3288	0.0984	0.0632	0.1129	0.0543
辽宁	0.2493	0.0410	0.0685	0.0694	0.0545
吉林	0.2475	0.0311	0.0718	0.1011	0.0435
黑龙江	0.4237	0.1808	0.0842	0.1231	0.0442
上海	0.3312	0.0957	0.0900	0.0963	0.0903
江苏	0.4005	0.1307	0.0697	0.1388	0.0613
安徽	0.2635	0.0698	0.0593	0.0910	0.0435

续表

地区	农业高质量发展水平综合得分 CEI	高品质农业 Y_1	高效益农业 Y_2	高效率农业 Y_3	高素质农业 Y_4
浙江	0.5051	0.1457	0.1036	0.0972	0.1586
福建	0.2916	0.0773	0.0630	0.0871	0.0642
江西	0.2986	0.1115	0.0831	0.0595	0.0445
山东	0.2508	0.0413	0.0610	0.0954	0.0546
河南	0.1946	0.0164	0.0592	0.0764	0.0426
湖北	0.2885	0.0817	0.0697	0.0812	0.0558
湖南	0.2865	0.0795	0.0722	0.0794	0.0554
广东	0.2375	0.0554	0.0624	0.0618	0.0579
广西	0.1977	0.0288	0.0706	0.0552	0.0431
海南	0.2041	0.0189	0.0474	0.0718	0.0659
重庆	0.2435	0.0749	0.0700	0.0705	0.0281
四川	0.2469	0.0818	0.0679	0.0562	0.0410
贵州	0.1732	0.0423	0.0609	0.0367	0.0333
陕西	0.2458	0.0749	0.0613	0.0680	0.0395
甘肃	0.1912	0.0406	0.0389	0.0674	0.0383
宁夏	0.2911	0.1188	0.0529	0.0824	0.0370
青海	0.2473	0.1138	0.0464	0.0793	0.0416
云南	0.1529	0.0139	0.0666	0.0468	0.0256
新疆	0.2811	0.1659	0.0416	0.1029	0.0338

资料来源：Matlab 软件分析结果。

4.3.3 西部地区农业高质量发展评价

为了解和评价西部地区农业高质量发展水平，本章进一步利用系统聚类中的样本聚类（Q 型聚类）对参与测度的样本省域进行农业高质量发展综合水平及各准则层发展水平的等级类别划分。系统聚类是在不事先指定分类标准的情况下，完全根据样本在性质上的"亲疏"程度自动实现分类，其中类内个体具有较高的相似性，类间个体则差异性较大。本章采用个体间距离及类间距离度量样本数据间的"亲疏"程度，其中，类间距离采用组间平均链锁距离，即样本个体与小类中各样本个体距离的平均值；个体间距离采用平方欧式距离，具体计算公式如下：

$$SEUCLID(r_j,\ r_{j'})\ =\ \sum_{i=1}^{m}\ (r_{ij}-r_{ij'})^2 \qquad (4-8)$$

式（4-8）中，r_{ij} 为样本 r_j 的第 i 项指标的标准化数值；$r_{ij'}$ 为样本 $r_{j'}$ 的第 i 项指标的标准化数值。

需要说明的是，聚类分析主要用于探索性研究，其分析结果可以提供多个可能的解，最终解的选择还需要结合研究者的主观判断和后续分析。因此，本章在确定等级类别数目时，参考张乃明（2018），辛岭（2019）等对农业绿色发展及农业高质量发展的评价等级划分方式，将等级类别数目直接指定为 5，并在"系统聚类"的基础上，考虑各省域经济发展及农业资源禀赋分布情况，结合专家打分意见，形成各省域在农业高质量发展及各准则层面的最终等级类别划分。划分结果显示，全国农业高质量发展及各准则层水平均处于中等水平附近，说明该聚类结果具有较高信度保证。

（1）高品质农业聚类结果及评价分析。

农业高质量发展从狭义层面理解就是农产品的品质问题。从表4-3可以看出，西部地区省域中，新疆维吾尔自治区处于高品质农业发展一类地区，其绿色农产品产量比重、农产品电商发展强度、休闲农业发展强度分别位居全国第三位、第二位和第五位。新疆维吾尔自治区农产品的"绿色、健康、营养、美味"早已深入人心，在保证农特产品质量、丰富农特产品种类的同时，自2018年起，新疆维吾尔自治区开始通过实施电商进村综合示范项目、打造农村电商公共服务体系等措施，积极推进农村电商扶贫模式。截至2019年8月，新疆维吾尔自治区共有国家级电商进村示范县47个，实现了国家级贫困县的全覆盖；建成县级电商公共服务中心和物流配送中心47个，乡村级网点近3000个，服务建档立卡贫困人口18.02万人次①。2018年，新疆维吾尔自治区农产品网络零售额实现71.91亿元，较上年增长44.51%，高出全国增速14.11个百分点②。同时，新疆维吾尔自治区已创建全国休闲农业和乡村旅游示范县11个、星级示范企业164家，全疆现有休闲农业各类经营组织5800余家，接待游客1700余万人，2018年实现营业收入超30亿元③，实现了新疆维吾尔自治区农产品从"土特产"向高品质农业的转型。除新疆维吾尔自治区外，西部地区中，宁夏回族自治区、青海省、四川省、陕西省、重庆市5个省域都处于高品质农业发展中等及以上水平，这说明西部地区依靠并挖掘自身丰富独特的自然资源和人文历史资源，在保障和提高农产品质量的同时，强化农产品创新意识是实现农业高品质发展的有效途径。

---

① 陈蕾薇. 新疆电商扶贫持续发力 [N]. 新疆日报，2019-08-18（04）.
② 石鑫，赵星美. 新疆特色农产品越网越红 [N]. 新疆日报，2019-10-14（05）.
③ 刘毅. 我区"农业＋旅游"融合发展正当时 [N]. 新疆日报，2019-08-16（03）.

表4-3　　　　　　　　　　　高品质农业地区聚类

分类	地区
一类地区（高水平）	北京、黑龙江、新疆、浙江
二类地区（较高水平）	江苏、宁夏、青海、江西、内蒙古、上海
三类地区（中等水平）	四川、湖北、湖南、福建、陕西、重庆、安徽、广东
四类地区（较低水平）	河北、贵州、山东、辽宁
五类地区（低水平）	甘肃、天津、吉林、广西、海南、河南、云南、山西

资料来源：笔者整理。

（2）高效益农业聚类结果及评价分析。

高效益农业是经济效益与生态环境效益高度统一的农业。大量事实证明，青山绿水之处，多为鱼米富庶之邦；荒山秃岭之地，多是贫穷困苦之乡。经济效益的提升虽是农业发展最直接的表现，但只有注重绿色发展，在农业生产中遵循生态经济规律，才能最终实现农业经济的可持续发展及高质量发展。从表4-4可以看出，西部11省中除广西壮族自治区、重庆市进入二类地区，四川省、云南省进入三类地区之外，其余省份均处于四类、五类地区。从具体指标来看，甘肃省、贵州省、青海省城乡收入比高达3倍以上；贵州省、甘肃省、宁夏回族自治区、青海省农村居民家庭人均可支配收入仅为10000元左右，不足上海市的1/3；在化肥及农药施用强度方面，青海省、贵州省、甘肃省、宁夏回族自治区、陕西省均排在全国前五位；在森林覆盖率方面，甘肃省、青海省、新疆维吾尔自治区排在全国倒数的位置上。经济效益和生态效益的双重缺失，导致西部地区高效益农业发展水平整体处于较低水平。

表 4 – 4   高效益农业地区聚类

分类	地区
一类地区（高水平）	浙江、上海、黑龙江
二类地区（较高水平）	江西、北京、天津、湖南、吉林、广西、重庆、湖北、江苏、辽宁
三类地区（中等水平）	四川、云南、河北、山西、内蒙古、福建、广东、山东
四类地区（较低水平）	陕西、贵州、安徽、河南、宁夏、海南
五类地区（低水平）	青海、新疆、甘肃

资料来源：笔者整理。

（3）高效率农业聚类结果及评价分析。

高效率农业包含农业生产效率及农业组织经营效率两层含义。根据表 4 – 5 显示，西部 11 省中除新疆、宁夏、青海处于中等水平之外，其余省份均处于高效率农业的较低水平和低水平地区，特别是四川、广西、云南、贵州五省地处西南地区，地形结构复杂，土地细碎化问题严重，很大程度上阻碍了其农业效率及规模效益的实现。

表 4 – 5   高效率农业地区聚类

分类	地区
一类地区（高水平）	江苏、黑龙江、内蒙古
二类地区（较高水平）	新疆、吉林、浙江、上海、山东、北京、安徽、河北
三类地区（中等水平）	福建、宁夏、湖北、湖南、青海
四类地区（较低水平）	河南、海南、重庆、辽宁、陕西、甘肃、天津、广东
五类地区（低水平）	江西、四川、广西、云南、山西、贵州

资料来源：笔者整理。

（4）高素质农业聚类结果及评价分析。

根据表 4 - 6 显示，我国各省域农业素质表现呈现出明显的东部地区 > 中部地区 > 西部地区的发展态势。进入一类、二类地区的均为东部省份，西部地区除广西壮族自治区、青海省、四川省进入四类地区且排名靠后外，其余 7 个省份均处于五类地区。高素质农业评价是农业产业素质及农业从业人员素质的综合体现。从农业从业人员素质方面看，教育发展与经济发展息息相关，西部省份多属经济欠发达地区，居民接收教育程度普遍不高，其农业从业人员素质也相对较低，而农业从业人员素质不高也在很大程度上抑制了农业产业素质的提升。从具体指标看，西部地区的青海省、四川省、云南省、重庆市、贵州省在农业从业人员素质指标方面的全国排名为最后。《2019 年全国高素质农民发展指数》中也指出，我国我国高素质农民发展存在显著的地区差异，东部地区高素质农民发展程度较高，其次为中部地区，东北部和西部地区高素质农民发展水平相对较低。《2019 年全国高素质农民发展指数》中的这一结论与本章统计结果基本相符。从农业产业素质看，推进产业融合发展是推动农业产业转型升级，提升农业产业素质的必要手段。东部经济发达地区，农村产业融合起步较早，融合水平相对较高，而西部地区鉴于其落后的经济发展水平，较低的农业从业人员素质，农业产业融合程度不足，陕西省、新疆维吾尔自治区、甘肃省的产业结构优化指数全国排名最后，青海省、重庆市、四川省的农业服务业占比及广西壮族自治区、新疆维吾尔自治区、云南省的农村非农就业占比均为全国倒数。

表 4 - 6　　　　　　　　　　　高素质农业地区聚类

分类	地区
一类地区（高水平）	浙江、北京、天津
二类地区（较高水平）	上海、海南、福建、江苏
三类地区（中等水平）	广东、湖北、湖南、山东、辽宁、内蒙古
四类地区（较低水平）	山西、江西 黑龙江、吉林、河北、安徽、广西、河南、青海、四川
五类地区（低水平）	陕西、甘肃、宁夏、新疆、贵州、重庆、云南

资料来源：笔者整理。

（5）农业高质量发展综合水平聚类结果及评价分析。

根据表 4 - 7 显示，我国农业高质量发展平均得分为 0.28，整体发展水平偏低，这也在一定程度上说明我国目前仍然只是农业大国，而非农业强国，且距离农业强国还具有一定的距离。

表 4 - 7　　　　　　农业高质量发展综合水平地区聚类

分类	地区
一类地区（高水平）	浙江、北京、黑龙江、江苏
二类地区（较高水平）	上海、内蒙古、天津、江西、福建、宁夏
三类地区（中等水平）	湖北、湖南、新疆、安徽、山东、辽宁、吉林
四类地区（较低水平）	青海、四川、陕西、重庆、河北、广东、海南
五类地区（低水平）	广西、河南、甘肃、贵州、山西、云南

资料来源：笔者整理。

从全国农业高质量发展水平的区域分布情况来看，主要呈现出以下三个明显的特点。

第一，呈现较为明显的东部地区＞中部地区＞西部地区的分布态势，且各区域农业高质量发展存在较大差距，其中发展水平最高的浙江省等东部地区省份是贵州省、云南省等西部省份的3倍以上。

第二，呈现较为明显的经济发达地区优于经济欠发达地区的分布态势。经济发展水平较高的京津地区及长三角地区的浙江省、江苏省、上海市都处于较高水平地区，而西部经济欠发达省份除新疆维吾尔自治区、宁夏回族自治区以外都处于较低水平地区。

第三，呈现较为明显的由于农业自然资源禀赋差异形成的地区差距。黑龙江省、内蒙古自治区农业自然资源丰富、人均耕地面积位居全国前二位，其农业高质量发展也处于较高水平，新疆维吾尔自治区、宁夏回族自治区虽地处西部经济欠发达地区，但其人均耕地面积位列全国前五位，仅次于黑龙江省、内蒙古自治区、吉林省，新疆维吾尔自治区土地肥沃，水草丰茂，且光热资源丰富，宁夏回族自治区则素有"塞上江南，鱼米之乡"的美誉，因此也基本处于农业高质量发展较高水平地区。而云贵高原（广西壮族自治区、贵州省、云南省）、黄土高原（甘肃省、山西省）地势崎岖、土地贫瘠，农业自然资源禀赋较差，其农业高质量发展整体水平也较低。

4.4 西部地区农业高质量发展的实践路径——县域农业特色产业

2019年，农业农村部、国家发展改革委等七部门联合印发《国家质量兴农战略规划（2018—2022年）》，"质量兴农"成为新时期提升农产品效益及竞争力，推进农业高质量发展的战略指南。韩长赋在解读该指南时指出，质量兴农应该聚焦关键领域和薄弱环节，找准战略方向及工作重点①。因此，各地区应明确自身在推进农业高质量发展中的比较优势及相对劣势，因势利导，推进地区农业高质量发展。从上述农业高质量评价结果中可以看出，西部地区由于经济发展水平不足，其在农业效益、农业效率及农业素质评价方面都显著落后，但在农业品质方面却显示出一定的比较优势和后发优势。因此，鉴于县域农业对于我国农业发展的基础性地位，西部地区推进农业高质量发展的关键点应当在于因地制宜，以自身农业生态资源禀赋为依托，以绿色有机的农特产品为突破口，发展县域农业特色产业，以推动西部地区农业实现高质量发展。

综合以上测度及分析评价过程，笔者发现新疆维吾尔自治区是我国西部地区农业高质量发展中最具典型性的省域，其在农业高质量发展中存在的问题也是我国西部地区农业高质量发展瓶颈的集中体现。以新疆维吾尔自治区为例，其农业品质评价及农业效率评价都位于全国前列，但其农业效益评价及农业素质评价都排在全国倒数之列。从具体指标来看，首先，虽然新疆维吾尔自治区农特产品具有较高的品质保证，但其农产品商标注册比重排名严重靠后，品牌意识薄弱及建设不足使该地区农特产品大多"有品无名"；其次，从业人员素质及农业产业素质等指标的显著落后，反映出该地区农业产业融合程度不足，且农业社会化服务水平落后，这些都在很大程度上抑制

———————————
① 人民网. 韩长赋解读质量兴农战略规划　全面提升农业质量效益和竞争力［N/OL］.（2019 – 03 – 19）［2022 – 05 – 10］. http：//finance. people. com. cn/n1/2019/0319/c1004 – 30983976. html.

了新疆维吾尔自治区农业效益的提升。因此，良好的产品品质仅是西部地区发展农业特色产业，实现经济效益的必要非充分条件，让农特产品"有品有名"，让产业实现高效率、高素质的发展才是高质量发展阶段西部县域推动农业特色产业发展，提升产业竞争力的应有之义和必要之举。

第 5 章

西部县域农业特色产业竞争力
分析及模型构建

农业产业竞争力由农业生产、加工、流通各产业链环节的竞争优势综合而成，是农业产业在市场竞争环境中体现出的综合竞争能力。因此，从农业高质量发展视角应注重：①强化品牌建设及品牌溯源，让西部县域农特产品"有品有名"；②实施创新驱动，在"互联网＋"背景下重构农业特色产业价值链，实现西部县域农业特色产业的高效率、高素质；③对接消费主体价值需求，挖掘市场潜力，实现西部县域农业特色产业的高效益是高质量发展阶段西部县域农业特色产业竞争力提升的现实路径。林毅夫（2012）指出，一个地区产业及经济的发展需要"有为政府"和"有效市场"的共同作用，因此作为顶层设计者和推动管理者，地方政府对于西部县域农业特色产业竞争力提升的作用不容忽视。

5.1 县域农业特色产业的内涵

县域经济是一种产业经济（李文祥，2005），县域经济的发展应该以高效益的产业经济作为支撑和推动力量。伴随国家乡村振兴战略的逐步实施，县域农业特色产业已经成为推动县域经济发展，实现乡村振兴的重要引擎和现实抓手。然而，在各县域大力推进农业特色产业发展的同时，由于在具体实践中存在对特色产业概念认识不清、特征把握不准、发展定位不明等问题，常常造成对特色农业资源挖掘不足，特色不特、特色不强等问题。因此，研究县域农业特色产业，首先应该从学理角度明确县域农业特色产业的内涵及其特点。

现有文献鲜有对县域农业特色产业的直接界定，大多是对农业特色产业内涵的阐释。基于文献综述中对农业特色产业内涵及特征的阐释，本章认为，对县域农业特色产业的正确理解和把握首先在于对"特色"内涵的正确认识。当前，"特色"概念已经渗透到经济社会生活的各个方面，逐渐影响并改变着人们的思维方式及生活习惯。何谓特色？特色是一事物独有的，与其他事物具有显著区别和差异的性质和风格（高晓光，2018）。在经济学中，人们追求特色的实质其实就是在寻求差异，有了差异，被替代的可能性就会降低；差异越大，替代性越小，垄断优势就越明显。如果这种差异可以长期得以维持，则经营者就可以从中获得持续的超额利润。我国幅员辽阔，全国各县域在自然地理条件、文化习俗及社会经济基础等方面具有较大差异，而县域资源的差异性也为县域农业产业走"特色"道路提供了客观基础。因此，县域农业特色产业的本质和核心也在于突出一个"特"字，表现为产业独特的区位优势、资源优势、技术优势、制度优势及产品和市场优势，而培育县域农业特色产业，提升产业竞争力的关键则在于如何挖掘这些特色优势并将其转化为产业长期的竞争优势进而推动县域农业经济的发展。因此，本书将县域农业特色产业定义为依托县域特定的区位资源禀赋，以现代产业理念及先进农业科技打造的具有持续市场竞争优势的高质量农业产业。该产业应具有以下特征：

（1）地域根植性。

县域独特的自然环境及资源禀赋是县域农业特色产业发展的基础，而自然资源条件的县域差异，也决定了县域农业特色产业发展是以特定的县域空间为载体，以县域内某类优势（资源环境优势、区位地理优势、技术人才优势）为前提，具有很强的地域根植性。2019 年，中央"一号文件"提出因地制宜发展农业特色产业，倡导"一村一品""一县一业"。而"一县一业"的提出正是基于对县域农业特色产业地域根植性的深刻认识。

（2）市场导向性。

与自给自足的传统农业不同，县域农业特色产业是市场经济的产物，其经营目的在于通过对农产品多样化市场需求的满足来实现较高的产业收益。因此，农业特色产业发展强调以市场为导向，只有获得市场的认可，各类地域性优势才能得以充分发挥和有效利用，特色资源及特色产品的价值才能得以实现。

（3）科技支撑性。

现代农业发展在很大程度上依靠科学技术创新及先进的设施装备。县域农业特色产业是一种技术含量较高的产业形式，需要不断创新的农业技术作为产业发展的支撑，而"特色"的挖掘和开发更是要以先进的农业科技作为技术保障。

5.2　县域农业特色产业竞争力内涵及构成

农业产业竞争力由农业生产、加工、流通各产业链环节的竞争优势综合而成，是农业产业在市场竞争环境中体现出的综合竞争能力。依据本章对县域农业特色产业内涵特征的界定，县域农业特色产业竞争力是以县域资源禀赋（地域根植性）所形成的不可替代性（差异性）为基础，农业生产主体基于这种不可替代性，在优越的农业政策环境下，对特色农业产业价值链各环节潜在优势进行挖掘和整合，使产业获得良好盈利能力及可持续发展能力，最终表现为县域农业特色产业的竞争力。具体来说，县域农业特色产业竞争力的内涵应从竞争力形成的基础条件、支撑条件及最终表现三个方面加以理解：①县域农业特色产业竞争力的基础在于由特定县域决定的某类要素禀赋比较优势，如资源环境优势、地理区位优势、技术工艺优势、文化历史优势等；②县域农业特色产业竞争力的重要支撑在于在良好农业政策环境、市场环境及技术环境的共同培育下，构建完整的农业特色产业链，并实现全产业链的价值增值；③县域农业特色产业竞争力最终通过特色农产品在市场上良好的适应性及获利能力体现。

用一个简化的逻辑函数表达县域农业特色产业竞争力及其构成要素之间的关系：

$$Ac = (E, \ S, \ P)$$

其中，Ac 表示县域农业特色产业竞争力，E 表示县域要素资源禀赋，S 表示县域农业特色产业链，P 表示县域农业特色产业的市场盈利能力。

5.2.1　县域要素资源禀赋与县域农业特色产业竞争力

县域农业特色产业不同于大众农业，它是根据各县域、农村特有的资源禀赋及特殊的生态、气候、地形等特点发展的特种农业。特种农业之特在于以独特的农产品，开辟独特的市场，赢得独特的客户群体，并满足其特殊的消费需求。其核心发展理念是不与大众农业抢市场，不与大众农业争客户。县域农业特色产业之所以能够避开与大众农业的竞争，并实现老子辩证竞争思想中的"不争而善胜"理念，以县域具有差异性的资源禀赋为物质基础及保障条件的。资源禀赋的差异性及由此产生的特殊条件优势决定了特色农产品的不可替代性，即特色农产品具有不同于大众农产品的独特品质，这种独特品质不仅是县域农业特色产业得以存在和发展的基础，更是其在竞争激烈的市场环境中另辟蹊径实现产业竞争力的基础。

需要指出的是，这种以天然禀赋或文化传承而形成的特色，仅是推动产业发展的借力或手段，而非产业发展的最终目的。产业发展的最终目的在于市场绩效，而特色的价值则在于能否以特色引发市场关注、刺激市场需求进而实现市场绩效。

5.2.2 农业特色产业链与县域农业特色产业竞争力

现代市场经济的竞争已经不再是单个产品或者某一单独产业环节的竞争，而更多地体现为产业链整体之间的比拼。农业产业链是由与初级农产品生产密切关联的企业及其他相关经济主体所构成的一种链状组织，该链状组织将农业产前、产中及产后各环节有机串联，最终形成一条囊括"原材料供应—初级农产品生产—高级农产品加工—农产品储运—农产品市场销售"等诸多环节的产业价值增值链条。农业特色产业链是农业产业链的一种具体形式，构建农业特色产业链就是要依托县域内独具特色的农业资源，以市场需求为导向，通过全产业链运作方式，有效提升特色农产品附加值，进而实现农业多环节增效、农民多渠道增收。

近年来，在农业供给侧结构性改革的指引下，各级政府积极推动农业产业化经营，大力发展地方（县域、农村）农业特色产业。特色本身是一种生产力，但这种生产力要真正发挥作用，实现特色优势向竞争优势的转变，还必须依托一种恰当的产业发展模式，而产业链这种纵向一体化的产业发展模式为县域及农村农业特色产业的发展及竞争力提升提供了现实路径。一方面，构建产业链可以将原本独立的各个产业环节链接起来，通过产业链内外部资源的整合，实现各经济主体利益共享、风险共担的一体化格局，提高产业链各经济主体的竞争力；另一方面，囊括生产、加工、存储、运输及销售的全产业链追溯体系的构建可以有效确保特色农产品的质量安全，赢得消费者青睐，进而实现市场竞争优势。

5.2.3　市场盈利能力与县域农业特色产业竞争力

县域农业特色产业发展最终追求的是经济效益最大化，以及农户及相关经营主体收益的大幅度增加。因此，县域农业特色产业是否具有竞争力，最直接的体现就是其特色农产品在市场交易中是否具有一定规模的市场占有率及良好的市场盈利能力。市场经济体制下，良好的市场适应性及较强的盈利能力，是县域农业特色产业实现有效积累及长效发展的最根本保证，也是农户及相关农业经济主体获得投资回报，实现个体福利增进的基础。县域农业特色产业只有在较长时期保持稳定良好的盈利能力，才能深化农业生产主体特别是小农户对农业特色产业的认识，才能激发并进一步提升农户及其他相关经济主体的产业积极性及合作创新意识，才能为县域农业特色产业规模化发展、产业化经营提供资金保障，从而进一步提升县域农业特色产业的竞争力。县域农业特色产业如果不具备一定的盈利能力，则产业发展将会逐渐萎缩衰落，更无所谓增强竞争力了。

5.3　西部县域农业特色产业竞争力模型构建

5.3.1　现有竞争力分析模型的不足

在传统的李嘉图比较优势理论模型中，一般假定产品是流动的，生产要素是不流动的。在这样假定的一个分析框架中，比较优势中包含了后来贸易理论和竞争力理论所讨论的诸多内容，包括自然资源的禀赋、生产要素的丰裕度、生产率等。显然，在这样的模型中，生产要素的丰裕度、产业的生产率这些决定竞争力的因素都是内生决定的，即在李嘉图模型中比较优势只能是完全地由内生决定。

当面对大部分生产要素处在流动状态这一现实时，地域化的比较优势完全内生决定将不再成立，区域要素禀赋可以通过要素流动来改变，在考虑了要素流动性之后的区域产业竞争优势可以通过特定地域的生产要素的相对丰裕度来体现。结合李嘉图模型，可以从可贸易产品中所内含的要素密集程度来衡量和比较。这样，在一个全球价值链上，区域优势中的产业竞争优势可以根据特定区域要素的密集程度衡量，区分为不同的竞争优势，如土地密集型、劳动密集型、资本密集型、生态密集型等。对于前三种要素密集型的可贸易产品，竞争性市场基本上会实现其优化配置，而对于生态密集型产品，却不能仅仅依靠市场来配置。当然，从产业成长的视角看，像竞争力的要素禀赋结构决定论这种论断，因任何成长问题都是功能性结构化的一个内在解，一般化的"结构—行为—绩效"分析框架都是成立的。但是，其一，对不同成长背景、成长阶段的产业，其不同的禀赋结构在价值链增值中的功用不尽相同，特别是对于县域农业特色产业的竞争力问题，关键是如何突出其自身成长中特殊禀赋结构的重要性，这是一般化的功能性结构难以完成的任务；其二，这种一般化、功能化的结构分析，处理的几乎是一个全流动要素不同结构的组合问题，产业成长中不可流动要素的作用要么被忽视，要么被分解，产品的品质保障和价值增值也完全技术进步化（要素禀赋结构升级），几乎看不到不可流动要素的功用，甚至看不到自然禀赋要素的影子（它们的作用被转化到了产品的价值中）。

已有竞争力理论由于在价值理论上坚持主观价值论，就会在无形中将所有形成价值因素的作用转化为一般性的效用，从而导致不可流动要素在这一转化中被丢失；主流的竞争力分析框架以要素禀赋结构为圭臬，且在分析技术上又以相对丰裕度为准，在这样的一个以要素相互替代为转型升级路径的基本思路中，所有的要素在边际上都是可以被替代的。这样的分析范式不可能给不可流动性要素留下存在的余地，极端地讲，不可流动性要素具有不可替代的一面。所以，理论界虽然已经习惯了通过替代性来处理要素禀赋结构及其升级的问题，进而解决产业竞争力问题，但当面对县域农业特色产业竞争力培育问题时，这样的方式并不是完全适应的，需要换一种思维方式来解决问题。

5.3.2　西部县域农业特色产业竞争力模型构建——新钻石模型

波特的钻石理论认为，对一个国家或地区某一产业的竞争力进行分析，应该从其要素条件、需求状况、相关及支持性产业、企业战略四个方面进行考量，并辅之以机会、政府两个重要影响因素。波特钻石模型如图 5 –1 所示。

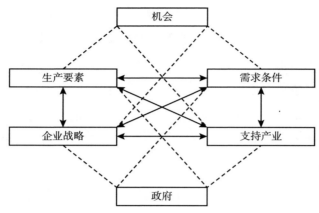

图 5 - 1　波特钻石模型

资料来源：迈克尔·波特. 国家竞争优势［M］. 李明轩，邱如美，译. 北京：中信出版社，2012.

　　针对县域农业特色产业在要素禀赋结构上的特殊性，借鉴林毅夫教授在其新结构经济学中对要素禀赋结构与产业升级间关系的新解读①，我们将西部县域农业特色产业竞争力的培育置于一个由企业、市场、政府三方协同、共生、演化的产业环境中，将产业竞争力的培育和提升看作为"做正确的事情"（由要素禀赋结构决定）和"把事情做正确"（由行为禀赋结构决定），这样两个既存在逻辑上的顺序关系，又有相互间不可替代的方面，在创造性借鉴波特钻石模型的基础上，构建西部县域农业特色产业竞争力分析框架，即"新钻石模型"，如图 5 - 2 所示。

---

　　① 林毅夫. 新结构经济学、自生能力与新的理论见解［J］. 武汉大学学报（哲学社会科学版），2017，70（06）：5 - 15.

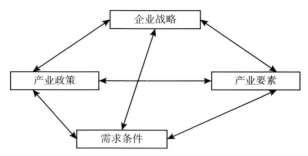

图 5 - 2　西部县域农业特色产业竞争力分析的新钻石模型

资料来源：笔者绘制。

5.3.2.1　产业要素

与波特钻石理论中将高级要素作为产业获得竞争优势的重要源泉不同，新钻石模型认为产业要素中的不可流动要素是区域属性及特征的决定性要素，也是西部县域农业特色产业竞争力提升的先天优势资源。

图 5 - 3 描述了不可流动要素、可流动要素与西部县域农业特色产业竞争力之间的关系。由图 5 - 3 可以看出，与特殊区域属性紧密相关的不可流动要素既是县域农业特色产业培育的基础，也是其通过产品差别化获得竞争力的前提，而可流动要素的集聚则有助于推动县域农业特色产业实现现代化、规模化经营。特别是当产业发展至一定程度时，产业竞争力的提升将有赖于特色的进一步挖掘和深化，即不可流动要素功能及其作用更好的呈现。

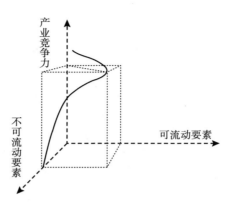

图 5 - 3   不可流动要素、可流动要素与县域农业特色产业竞争力的关系

资料来源：笔者绘制。

5.3.2.2   企业战略

波特认为，企业战略的作用在于指导企业从事各种交易活动，并组织完整的企业价值链。同时，波特也指出在产业竞争中，企业价值链事实上附属于一个包含了上游供应商以及下游营销渠道和终端客户等价值单元在内的更为庞大的价值体系中，即产业价值链。在产业价值链中，各价值环节环环相扣，在实现自身环节价值增值的同时，也决定着最终产品价值的实现，而这种各节点企业的价值增值及最终产品价值的良好呈现必须是以某种能够满足市场需求的核心效用为驱动力量，没有被市场接受和认可的核心效用，产业价值链则失去了建构的基础，因而更难以实现价值在产业通道中的实现和转移（曹阳，2011）。

从产业价值链理论出发，本章认为基于区域不可流动要素功能与作用而形成的"特色"，就是县域农业特色产业对接市场需求的核心效用，它不仅构成农业特色产业链运行的驱动力量，更是西部县域农业特色产业成长和竞争力培育的基础。目前，在传统产业链运行模式下，西部县域对其特色农业资源多为简单表浅的凭借和利用，其特色农产品也多为"土特产"层面的初级农产品，产业各环节经济租金挖掘还十分有限。因此，从产业价值链重构视角引导县域农业特色产业发展，通过产业价值链优化升级，实现对产业特色的深度挖掘，进而获得产业竞争力，是县域农业特色产业及相关企业主体发展的重要战略选择。

5.3.2.3　需求趋势

中国经济社会发展进入新时代，高质量发展将成为西部县域农业特色产业竞争力提升的现实路径。在买方市场环境下，消费者对产品关切的重点已经从数量表象层面转化为质量及体验感受上。因此，西部县域农业特色产品是否具有竞争力，是否能够占有市场，最终还是取决于产品的质量差异带来的福利外溢；对产品品质及产品创新的需求将成为今后产品消费市场的必然趋势。本章认为，这一消费趋势的转变可以从两个方面予以把握：一方面是消费趋势转变的内涵，具体包括从消费需求的新特点（如多元化、多层次化、个性化）及消费主体的细分（老年群体、中等收入群体、新生代群体）两方面来把握；另一方面是消费趋势转变的外延，具体包括从消费方式的升级（体验式消费）、消费观念的改变（价值诉求、生活品质提升）及消费重点的偏移（从温饱到娱乐）等方面来把握。

5.3.2.4　产业政策

钻石模型中将政府作为一个单独的、位于核心要素之外的因素来处理，在一个以竞争性市场结构为主的体制环境中，这样的处理是可以接受的。然而，在中国的地方政府竞争体制中对特定地域的特色产业竞争力进行分析，则有必要对政府的作用进行强化，以便更好地发挥政府在特色产业竞争力成长中的作用。

近年来，西部地区各地方政府都将县域农业特色产业的培育与发展作为壮大县域经济、推进脱贫攻坚的重要抓手，从产业园区规划与建设、产业扶植与引导等方面给予了较大的政策倾斜与扶持。这些产业政策的实施，在一定程度上为当地农业特色产业发展及竞争力提升提供了制度上的支持和保障，但是作为经济后发型地区，长期以来，基础设施不完善、城乡基本公共服务供给失衡，城乡一体化发展程度不高，制度创新不足等问题一直是制约西部县域经济及产业发展的"短板"，而行政管理体制层级繁多；政策制定缺乏整体战略规划，系统性和持续性不足；一些惠及企业及农户的政策依然停留在文件层面，难以落地；人力资源开发与人才管理制度滞后等问题依然在不同程度上抑制着西部县域农业特色产业的高质量发展及竞争力提升。

第 6 章

不可流动要素与西部县域农业特色产业竞争力

西部县域农业特色产业成长中，无论是竞争力培育，还是产业可持续能力的培育，都不能忽视不可流动性要素的作用，要让县域农业特色产业这一概念成立，就必须在强调产业一般性的基础上，特别突出不可流动性要素的功能与作用，并将其作为产业竞争力培育的重要生产要素来处理。本章从传统区域发展理论出发，首先阐释不可流动要素对区域经济发展及区域特色产业选择和培育的决定性意义，并引入不可流动要素租值的概念；其次分析特色农业品牌建设对不可流动要素租值及特色农产品市场价值提升的作用；最后构建基于品牌声誉的信号传递模型，对西部县域农业特色产业品牌建设及竞争力实现过程中存在的问题进行探讨。

6.1 不可流动要素与区域属性

6.1.1 传统区域发展理论的不足

区域是一个自然环境、经济环境及社会文化环境相耦合的复杂的开放系统，因此，区域的发展不单纯是一个经济学问题，同时也是一个社会学问题。美国经济学家约翰·加尔布雷斯（John Galbraith，1958）在其著作《富裕社会》（*The Affluent Society*）中指出，"当人类社会处于普贫状态时，产品数量的增加能够更好地增进福利和满足欲望"。传统区域发展理论以可流动性要素为研究对象，以数量增长为研究中心，正是基于这种传统的价值判断和考量，具有历史客观性和必然性。然而，当经济社会发展到"丰裕"阶段，绿色增长及可持续发展成为区域发展新的诉求时，传统区域发展理论的不足之处也日渐显著，主要可归纳为以下两点。

第一，传统区域发展理论中，大部分模型都对空间因素进行了均质化处理，没有考虑区域空间所具有的异质性属性。

空间分析是区域经济理论的出发点，作为对特定区域的抽象，空间的属性涉及地理特征及要素禀赋两个层面：首先，区域都具有一定的地理特征，空间分析将具体的地理特征抽象简化为空间的平坦性；其次，特定区域蕴含了丰富多样的资源要素，空间分析将资源要素数量及结构上的差异抽象简化为空间要素分布的均等性。由此，区域研究中空间的属性被界定为均质和异质两种。空间均质是指不存在地理上凹凸不平的特征且其资源要素禀赋呈空间均等分布，而空间异质则是指不平坦空间上资源要素禀赋非均等的分布。

经济学作为一门研究资源配置的学科，资源要素的分布是其开展研究的重要变量。在传统区域发展理论中，为了避免要素密度函数引入而产生的技术障碍，空间被假设为资源要素均等分布，空间中区位选择的问题被简化处理为距离问题。虽然现实生活中也存在许多的均质空间①，但正如杜能农业区位理论难以解释中心地形成的原因一样，在研究某些经济活动为何能够在特定空间被"锁定"并实现集聚时，还必须对初始空间的地理特征及自然要素禀赋，即空间的异质性属性给予必要和足够的重视。

第二，对不可流动性要素及由此产生的区域空间功能的不可替代性缺乏足够的重视和实质性的研究。

在传统的区域发展理论中，"空间"作为一种资源要素，其配置问题建立于对其要素性质的"二分"判断，即将空间资源按要素类型划分为可流动性要素与不可流动性要素。一般而言，传统区域发展理论只将流动性要素作为研究分析的重点，即在"不可流动性"假定前提下，通过命题转换的方式模糊或者回避要素的不可流动性问题，而侧重于考察与流动性相关的要素运输成本及其流转聚集现象。这种将空间因素转换为要素流动成本进行理论建构的研究思路，其实就是将空间"均质化"，将区域的经济发展问题仅视为一个"中心—外围"不断交互的过程，其最终目标是实现区域发展

---

① 例如，各类高科技产业园区及工业园区内的制度政策一致，资源环境相同，园区内企业相当于面临一个均质空间。

趋同。

传统区域发展理论对空间差异"视而不见"的做法，使不可流动性要素的相关研究长期徘徊于主流经济理论的视角之外。然而，人们虽然已经习惯了以可流动要素的替代性解决区域要素禀赋结构问题，以要素流动租金替代区域空间的异质性，但面对区域功能不断演进，区域资源差异性及功能互补性日渐显著，区域异质性及不可流动性要素越来越成为区域发展中不容忽视、不可回避的重要因素。

6.1.2　不可流动性要素

要素作为经济活动的客观基础，是生产活动中必须投入或使用的主要因素及主要手段。要素禀赋是指一个国家或地区所拥有的要素资源结构状况及条件，包括要素量的条件及质的条件。古典经济学创始人亚当·斯密认为要素既包括自然地理要素，也包括资本、土地、劳动等经济要素，还包括制度、技术等新型要素，这些要素都会对经济主体的行为产生影响，都是要素禀赋的形成范畴[①]。继亚当·斯密的绝对优势理论提出之后，李嘉图提出的相对优势理论，赋予要素禀赋新的理解[②]。在相对优势理论中，自然资源要素（地理特征、矿产土地资源等）作为一种绝对优势被自然"过滤"，资本、劳动以及技术和制度等要素受到了李嘉图及其追随者更多的

---

① ［英］亚当·斯密. 国民财富的性质和原因的研究［M］. 孙羽，译. 北京：中国社会出版社，1999.

② ［英］大卫·李嘉图. 政治经济学及赋税原理［M］. 郭大力，王亚南，译. 南京：译林出版社，2014.

关注，而对自然资源要素的研究则逐渐被淡化。

要素及要素禀赋是区域得以形成、发展及演化的客观物质基础，也是推动区域经济发展的根本动力。从要素的流动性角度来看，亚当·斯密的要素禀赋观视野较为宽阔，对流动性要素及不可流动性要素都给予了必要的关注，而李嘉图的要素禀赋观实际是对不可流动要素的摒弃，只将流动性要素作为关注和研究的重点。特别是，当人类认识和改造自然的能力不断增强，人类通过技术和劳动可以实现对自然资源、土地、区位等一些常态下不可流动要素的改变时，李嘉图的资源禀赋观得到了进一步的认可和深化。对此，鲍德温和克鲁格曼（Baldwin & Krugman，2004）提出了不同的观点，他认为某种经济活动一旦在特定区域被"锁定"，就会在空间上不断累积循环强化，只有当突破的力量超越一定阈值，才可能实现区位黏性的克服。克鲁格曼的这一观点实际是强调了区域初始自然资源禀赋等不可流动性要素对区域经济发展的重要基础性作用。一方面，不可流动要素作为一种区域性要素禀赋，具有不可复制、不可替代的特征，这是区域经济增长方式选择及区域发展差异形成的自然基础，也是某种经济活动在特定区域被"锁定"的原因；另一方面，不可流动要素作为区域特有或固有的要素，还具有要素动态累计的特征，它会不断地在其特定区位累积自身特征，强化自身价值。因此，建立在初始自然资源禀赋基础上的区域经济结构一旦形成，其后的发展就会形成一种惯性，即区位黏性。

在沿袭亚当·斯密、克鲁格曼的资源禀赋观的基础上，本章认为对区域属性（区域异质性）应当从区域资源禀赋"量"和"质"两个层面来理解。"量"的层面体现为区域内各类要素资源的数量及其比例结构；"质"的层面体现为由要素数量及其比例结构所引致的具体区域功能的异质性，即不可替代性。土地、地上自然资源及地下矿藏等要素常态下属于不可流动要素。一方面，这些要素在一个特定的区域中天然集聚，体现其要素的区域特征，即要素依赖区域而存在；另一方面，这些具备显著区域特征的不可流动要素，其功能价值的发挥及最大化最终还要依赖其所处特殊地域空间为其提供的特殊条件和场所，即区域抑制或支撑要素功能的实现。因此，不可流动要素实质决定着区域属性在质的层面的"硬约束"，是决定区域属性的关键要素，也为区域经济发展及区域特色产业发展提供了天然的排他性优势。不可流动要素对区域特色产业的选择及培育具有决定性的意义，而对不可流动要素租值的深度挖掘，以及在此基础上获得的特色农产品功能价值的进一步开发，则是提升区域农业特色产业竞争力的重要着力点。

6.2 不可流动要素租值

6.2.1 不可流动要素租值阐释

租金理论在经济学中占据重要地位，而伴随经济学的发展，租金的定义也在不断得以演化。最初的租金研究局限于地租，在西方经济学的理论中，土地作为一种自然资源具有数量有限、位置不变，以及不能再生的特点，即土地的供给是固定不变的（土地的稀缺性）。由此，地租被定义为土地供给固定时的土地服务价格。地租可以被理解为是一种特定的租金，即地租就是土地的租金。从更一般的意义上理解租金，租金是指具有供给固定不变特征的要素服务价格。如地下煤炭资源这些要素的供给数量是天然固定的（虽具有一定的假定成分），即要素供给曲线垂直，其要素服务价格即为租金。需要强调的是，要素供给量固定并不是产生租金的直接原因，租金的产生是由于市场对固定供给要素需求量的增加，使要素变得"稀缺"，从而产生了租金形成的可能性。

县域农业特色产业是一种产地农业，这里所讲的产地不单纯是指特色农业生产所处的地理位置，更是对产地区域内资源要素特殊性及稀缺性的一种表述。从资源要素的特殊性来看，产地区域内不可流动要素可以分为两类：第一类为完全不可流动的自然资源要素，如气候、土壤、地质地貌等；第二类为不具备完全流动性的地方民俗文化、工艺传承等要素，这些不可流动要素决定了区域功能的异质性，即特殊的区域属性，而特殊的区域属性也成为县域农业特色产业形成并发展的基础。从资源要素的稀缺性来看，一方面，与土地供给固定不变相类似，特定产地区域内不可流动的自然资源要素本身也具有供给固定不变的特征，并且伴随区域发展，区域内要素还将与本区域及其他区域要素发生新的交互关系，进而引发新的要素稀缺问题。例如，乡镇工业发展对农业资源环境的破坏，可能引致当地未被污染的土地、水资源等变得更为稀缺和宝贵。另一方面，在全球化快速发展的时代，不具备完全流动性的地方民俗文化、工艺传承等要素，也逐渐成为一种稀缺的人文资本。由此，借鉴"租金"的思想，由于人们对农产品绿色健康诉求的提高以及农业特色产业的发展，县域内特殊且稀缺的不可流动要素，也会由于需求的提升增加产生租值的可能性，即不可流动要素租值。

6.2.2 不可流动要素租值与西部县域农业特色产业市场价值的关系

西部县域特殊稀缺的不可流动要素不仅为农业特色产业培育提供了物质基础，也在很大程度上决定着其特色农产品的高品质及有别于一般农产品的功能性价值，而这种高品质和功能性价值是否被市场识别并进一步为生产者（农户）带来较高的收益，则取决于不可流动要素租值的实现，即不可流动要素租值是西部县域特色农产品市场价值的来源和基础，而不可流动要素租值的实现与市场价值的提升最终都将转化为西部县域农业特色产业的竞争力。

以肉羊类农产品为例，在中华人民共和国成立初期，我国经济基础相对薄弱，人们对肉羊产品的需求偏重脂肪、热量、蛋白质等方面；而随着人们生活水平的逐步提高，低胆固醇、低脂肪含量，以及富含氨基酸的种类和比例等肉羊产品的保健营养功能逐渐为消费者所重视。一方面，这些功能性价值都是以产地特殊的气候、光照、土壤及草本植物等不可流动要素为物质基础，即原产地特殊稀缺的不可流动要素是特色农产品功能性价值形成的天然物质基础；另一方面，正如前述"租金"形成的原因，不可流动要素供给固定仅是不可流动要素租值实现的必要非充分条件，不可流动要素租值是否实现以及实现的程度，最终将取决于消费者对产地区域不可流动要素需求强度的变化，而这种对原产地不可流动要素需求程度的

不同，实际来源于消费者对原产地特色农产品功能性价值的识别与
需求程度。如果消费者能够有效识别特色农产品特殊的功能性价值
并形成一定规模的需求，则对不可流动要素的需求就会提升，进而
实现不可流动要素租值的增加及特色农产品市场价值增值。同理，
如果不可流动要素租值较低或为 0，则意味着对不可流动要素的需
求不足，而这种对不可流动要素的需求不足（租值较低或为 0）也
意味着由不可流动要素引致的特色农产品的特殊功能性价值未被很
好地识别进而转化为有效需求。

　　不可流动要素租值的实现与否及其实现程度体现着西部县域特
色农产品功能性价值识别进而实现市场价值的情况，图 6 – 1 展示了
不可流动要素租值实现的过程。

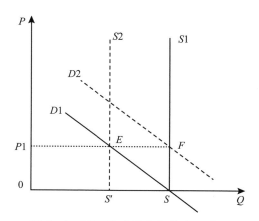

图 6 – 1　不可流动要素租值实现过程

资料来源：笔者绘制。

　　设原产地区域中某不可流动要素（稀缺要素）初始供给量固定
为 S，其供给曲线 $S1$ 与横轴垂直，需求曲线 $D1$ 向右下方倾斜。初

始情况下，既定的供给曲线 $S1$ 与初始需求曲线 $D1$ 相交于横轴，此时不可流动要素租值为 0，即消费者对县域特色农产品功能性价值识别不足，引致对原产地不可流动要素需求较低，而对不可流动要素较低的需求也抑制了特色农产品市场价值的实现及进一步的价值增值。不可流动要素租值的实现可能由于以下两种情况：

第一种情况：由于某种原因引致不可流动要素供给量下降，则其供给曲线由 $S1$ 向左平移至 $S2$，与初始需求曲线 $D1$ 相交于 E 点，此时实现不可流动要素租值 $P1$。

第二种情况：由于某种原因引致对不可流动要素需求量的增加，则其需求曲线由 $D1$ 向右上方平移至 $D2$，与初始供给曲线 $S1$ 相交于 F 点，此时也实现不可流动要素租值 $P1$。

以上两种租值实现的情况无论是供给量的进一步萎缩，还是需求量的增加，本质上都是产地区域不可流动性要素需求强度与供给稀缺间差值拉大而引致的增值过程。由于本章意在讨论如何实现特色农产品功能性价值识别并将其最大程度转化为市场价值，因此本文仅基于第二种情况，探讨如何通过刺激消费者来增加对不可流动要素的需求，提升不可流动要素租值进而实现西部县域农业特色产业的价值增值及竞争力提升。

6.3 不可流动要素、不可流动要素租值与特色农业品牌

从消费者角度来看，消费者对特色农产品的需求，不仅是对特

色农产品功能性价值的消费需求，更体现了对原产地特殊且稀缺的不可流动性要素的需求和认同（如无污染的水源，富含硒元素的土壤）。只有让消费者充分识别特色农产品背后原产地特殊且稀缺的不可流动要素，才会使其相信该产品具有某些功能性价值，其质量有别于普通的农产品。因此，从所有权角度考察，只有标识原产地，突出特殊区域属性，才可能像工业品租值一样，让特色农产品生产者坐享高品质带来的收益。根据信息经济学，对于质量具有严重隐蔽性特征的商品应该通过"品牌信号"对产品独特的质量特征进行集中传递并形成保护机制，从而避免由于信息不对称导致的逆向选择问题。罗森菲尔德（Rosenfeld，2002）也指出基于产业集群实施区域品牌战略有助于提升欠发达地区的竞争力。

图6-2描述了不可流动要素、不可流动要素租值与特色农业品牌之间的关系。具体来看：首先，西部县域丰富且独特的自然人文历史资源（不可流动要素）决定了特色农产品的功能性价值，从而形成了其一定区域范围内以品质声誉为保障的潜在竞争力；不可流动要素租值决定了特色农产品的市场价值，最终表现为特色农产品的实在竞争力。潜在竞争力并非实在竞争力，而是要将潜在竞争力转化为实在竞争力，其关键在于市场对特色农产品功能性价值及其背后不可流动要素的识别，而这种识别将决定着市场对不可流动要素的需求，进而促进不可流动要素租值及市场价值的增加。其次，市场价值及不可流动要素租值的提升会反过来促进对不可流动要素的升级利用，并对不可流动要素更好地挖掘和利用。同时，还会进一步带动对特色农产品功能性价值的开发和创新，从而在更高水平上实现市场价值增值。最后，依据不可流动要素建设特色农业品

牌，传递不可流动要素信息，是实现市场识别、提升不可流动要素租值，进而提升市场价值的有效手段。

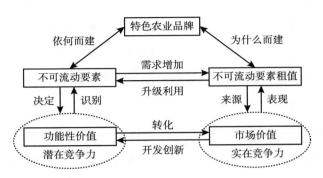

图 6 - 2　不可流动要素、不可流动要素租值与特色农业品牌的关系

资料来源：笔者绘制。

2019 年，中央"一号文件"提出因地制宜推动多样式特色农业发展，倡导"一县一业""一村一品"，强调农产品地理标志及品牌建设保护，鼓励创响一批"乡字号""土字号"的特色农业品牌。2021 年，根据中央"一号文件"精神《农业农村部办公厅关于印发〈农业生产"三品一标"提升行动实施方案〉的通知》，鼓励地方政府、行业协会等，打造一批地域特色突出、产品特性鲜明的农业区域公用品牌。与此同时，伴随乡村振兴，脱贫攻坚及农业高质量发展，我国农业特色产业市场化进程加速，各级政府在着力推进地方农业特色产业发展的同时，都依据顶层设计精神特别注重对特色农产品品牌的打造与建设。然而，在全国特色农产品品牌发展成破竹之势的同时，与东中部发达省份地区相比，西部地区特色农产品品牌数量明显不足（费威、杜晓镔，2020），许多县域传统特色农业依然处于"名品多、名牌少"的弱势发展阶段，且一些现有品牌也几乎只是"形象工程"，品牌资源潜力与品牌市场竞争力极不匹配。从现有文献来看，现有文献对特色农业品牌的研究主要集中于不同地区农特产品品牌建设研究（郑琼娥、许安心、范水生，2018；徐明，2019；曹佛宝、狄方耀、杨建州，2017）、区域农特产品品牌成长机制研究（翁胜斌、李勇，2016；李道和、叶丽红、陈江华，2020），以及消费者对特色农产品品牌的消费敏感性研究（杨佳利，2017；张传统、陆娟，2014）。这些研究的关注点集中于品牌的建设和维护，是在将特色农业品牌建设作为既定事实的基础上探讨"谁来建""怎么建"的问题，而对于"依何而建""为什么要建（动力机制）"这些更为根本性的问题，则缺乏必要的理论探讨。

"依何而建"是特色农业品牌建设特别是西部欠发达地区推进农特品牌建设时，在理论研究层面和实践推广层面都必须首先要回答的问题。品牌作为一种社会经济现象，是商品经济发展到一定阶段的产物。"品牌"一词从字面理解有两个层面的意思：一个层面是由"品"支撑"牌"，即"品"是"牌"得以形成的物质基础；另一个层面是由"牌"承诺"品"，即消费者可以以"牌"知"品"，通过"牌"了解"品"的生产环境、生产过程、文化内涵、功能价值等。根据波特（Michael E. Porter）买方价值链理论，卖方为买方创造的价值须为买方所感受，因此品牌的建设不仅在于让消费者获得差异化的感知，更在于其品牌要素的凝练能够与消费者深层次的心理期望相契合（曹佛宝、狄方耀、杨建州，2017）。当经济社会发展到"丰裕"阶段，消费者对产品关切的重点已经从数量表象层面转化为质量及体验感受上。与东中部地区良好的农业发展基础相比，西部欠发达地区由于地缘及经济水平限制，其农业发展在工业化、标准化方面存在先天性弱势，因此基于特殊区域属性，以"限量定域"的生产模式打造"高端品质"的特色农产品应该是西部县域农业特色产业发展着力挖掘的"品"，而围绕这一"品"建设"牌"，通过"品牌"建设为消费者塑造西部县域特色农产品"定域高端"的典型性价值，只有这样才能在市场细分下对接消费者深层的心理动机，形成"不争而善胜"的核心竞争力。

"为什么要建"是对特色农业品牌建设最终效果的思考和回答。斯库勒（Schooler，1965）通过对中美洲地区消费者消费偏好的研究，发现原产地形象会对消费者认知产生影响，并首次提出原产地效应理论。贝蒂娜（Bettina，2015）构建行为计划模型，实证研究指出德国消费者对某一地区的情感认同与其对该地区食品的态度正向相关。国内学者也从不同角度对农产品原产地效应进行了研究，认为原产地是农特产品属性的重要构成部分，也是农业区域品牌发展的刚性依赖（曹佛宝、杨建州、赖泽栋，2016；杜晓镔，2020）。与大部分学者观点相同，本章提出的"限量定域""高端品质"也是基于原产地对西部县域特色农产品典型性价值认知的驱动效应。"原产地"（country of origin）是指某产品的来源地，且该产品的声誉、特定品质及其他显著特征主要决定于该地区特有的自然及人文因素（靳明、周亮亮，2006）。因此，以原产地构建品牌，其实是通过品牌对原产地特殊的不可流动要素（自然地理、人文传统）进行凝练和传递，而品牌价值的获得表面上是产品获得市场认可，本质上其实是原产地不可流动要素租值得以实现。前面已述及，不可流动要素供给固定仅是不可流动要素租值实现的必要非充分条件，不可流动要素租值是否实现及实现的程度，最终将取决于消费者对产地区域不可流动要素需求强度的变化。原产地品牌以"定域"的方式传递了区域不可流动要素的特殊性，以增强消费者对产地区域不可流动要素的需求强度，这是一种普适性的品牌建设思想，对经济发达地区和经济欠发达地区都具有重要的参考价值。然而，当我们将西部县域农业特色产业竞争力作为研究重点时，鉴于西部地区复杂的地缘特征及落后的工业经济发展水平，在品牌要素凝练时，在原产地不可流动要素特殊性的基础上，更应传递其"限量""稀缺"的特征，有限的生产能力、不可逆的生态环境的逐步退化，以及濒临绝迹的民俗文化、工艺传承才是西部地区农业特色产业的卖点及区别于经济发达地区农特产品的核心竞争力。而围绕这一核心竞争力凝练品牌，通过特定的营销活动将品牌显性及隐性的要素传递给消费者并获得消费者认同，才可能在消费环节走出混同均衡，实现分离均衡，并在分离均衡的基础上实现西部县域特色农产品的价值增值。

6.4 西部县域农业特色产业价值实现——基于品牌声誉的信号传递模型

　　品牌建设对农业特色产业发展具有重要意义已在政府、学界及业界形成共识，然而在各级政府着力推进地方农特产品品牌建设的同时，囿于"政府热、企业冷"的品牌建设动力问题，许多西部县域的特色农产品要么依然"有品无牌"，要么其品牌建设仅是"形象工程"，难以有效发挥品牌对产品价值实现及竞争力提升的作用。本节将构建基于品牌声誉的信号传递模型以分析西部县域农业特色产业的价值实现过程，并对西部县域农业特色产业品牌建设及价值实现过程中存在的问题进行探讨，以期通过品牌资源潜力的有效释放，实现西部县域农业特色产业竞争力的提升。

信号传递模型（signaling model）最早由经济学家迈克尔·斯宾塞（A. Michael Spence）提出，在该博弈模型中有两个参与者（博弈方），一个是信号发出者（sender），一个是信号接收者（receiver），信号发出者拥有一些信号接收者所不具有的，且与博弈双方的效用或支付都相关的信息。博弈由两阶段构成：第一阶段，信号发出者向信号接收者发出一个信号，在该阶段信号接收者只能观察到信号发出者发出的信号，但不清楚信号发出者真实的私人信息；第二阶段，对后行为的信号接收者来说，先行为的信号发出者发出信号行为，具有传递信息的作用。信号接收者接收到信号后做出一个行动选择，博弈结束。信号传递模型实质是一类具有信息传递机制的动态贝叶斯博弈的总称，即在信息不完全、不对称条件下，如果信息优势方和信息劣势方偏好和利益也不完全一致，该如何通过"信号机制"有效传递可信信息进而实现高效率水平的市场均衡。这里，"信号机制"有效的前提假设是不同类型的信号发出者其信号传递成本不同，高质量类型的信号发出者信号传递成本低，低质量类型的信号发出者信号传递成本高。

西部县域农业特色产业发展最终追求的是经济效益的最大化，以及农户及相关经营主体收益的大幅度增加。因此，西部县域农业特色产业是否具有竞争力，最直接的体现就是其特色农产品在市场交易中是否具有一定规模的市场占有率及良好的市场盈利能力。在特色农产品市场交易中，首先，交易双方（生产者与消费者）依次选择行为且都想通过交易实现自身利润或效用的最大化，因此特色农产品交易可看作是交易双方之间的动态博弈。其次，由于特色农产品的质量隐蔽性特征，生产者对所提供农产品的真实情况和价值具有完全信息，即明确知道自己的类型，而消费者并不完全了解生产者提供的农产品是什么类型。因此，在柠檬市场背景下，特色农产品交易是一个不完全信息的动态博弈过程。最后，特色农产品生产者要想实现自身收益最大化，需要通过某种信号的传递机制（品牌创建），向消费者传递自身质量有效信息并获得信任，从而将自己与普通质量的一般农产品区别开来，实现分离均衡。当然，根据"信号机制"有效的前提假设，这里特色农产品生产者品牌信号的传递成本应低于普通农产品生产者品牌信号的传递成本。由此，特色农产品交易符合信息传递机制的动态贝叶斯博弈特征。基于这一思路，有文献将企业品牌创建决策视为一个单阶段不完全信息的动态博弈，论证了在品牌创建成本差异化的前提下，品牌能够对产品质量信息进行有效传递，进而实现不同质量产品的分离均衡（孟炯，2009）。本章认为，如果依据这一逻辑分析，那么所有特色农产品都应大力推进品牌建设，就不应该出现像西部地区特色农产品多数"有品无牌"，高质量产品陷于"柠檬市场之困"的问题。张维迎（2012）在其论著《博弈论与信息经济学》中指出，品牌建立的目的在于确立声誉，在信息不完全条件下，良好的声誉需要通过博弈方多次重复的博弈才能逐渐建立起来。由此，区别于一般品牌信号传递模型，本章将西部特色农产品品牌建设决策视为一个无限次重复博弈过程，并在此基础上构建基于品牌声誉的特色农产品质量信号传递模型。

6.4.1 模型的描述

在特色农产品交易信号博弈模型中，我们首先假设存在两个博弈方，即信号发出方和信号接收方，其中信号发出方为农产品生产者（卖者），信号接收方为农产品消费者（买方）。农产品生产者对自身类型（向消费者提供特色农产品还是普通农产品）具有完全信息。由于商品是否有品牌往往能透露一些关于商品质量方面的信息，因此生产者通过品牌信号向消费者传递有关自身类型的信息，即有品牌为特色农产品，无品牌为普通农产品。而农产品消费者作为信号接收方，据此进行判断并做出行为选择。消费者行为选择分为两种，一种是选择购买，一种是选择不购买。由此，本章构建特色农产品品牌信号博弈模型如图 6 - 3 所示。

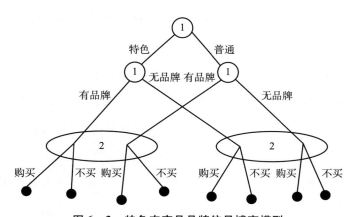

图 6 - 3 特色农产品品牌信号博弈模型

资料来源：笔者绘制。

该博弈模型描述了特色农产品交易的四种情况：①生产者提供的是具有较高功能性价值的特色农产品并发出品牌信号，消费者做出选择购买或是不购买的行为；②生产者提供的是具有较高功能性价值的特色农产品但没有发出品牌信号，消费者做出选择购买或是不购买的行为；③生产者提供的是普通农产品并发出品牌信号，消费者做出选择购买或是不购买的行为；④生产者提供的是普通农产品但没有发出品牌信号，消费者做出选择购买或是不购买的行为。

另外，鉴于品牌决策无限次博弈特征，本节进行如下假设：

假设 6-1 与前述斯宾塞"信号机制"有效的前提假设不同，本模型假定特色农产品生产者品牌信号的传递成本与普通农产品生产者品牌信号的传递成本相同，即它们为品牌建设投入的诸如商标设计注册、品牌宣传推广等初始固定性成本是相同的，而这种具有固定性特征的初始投入需要在未来通过消费者对产品的多次回购才可能陆续收回，以此满足生产者品牌建设决策多次重复博弈的特征。

假设 6-2 消费者是理性的，即消费者对于自己购买的农产品是特色农产品还是普通农产品，其感受价值是不同的。在居民消费能力提升、消费结构及消费需求偏好升级的大环境背景下，消费者用高价买特色农产品比用低价买普通农产品的剩余价值要高。因此，生产者生产高质量特色农产品将比生产普通质量一般农产品获得更高的收益。

6.4.2　模型参数设置

（1）农产品生产者提供高质量特色农产品和一般质量普通农产

品两种类型的农产品，用 $t \in T$ 表示，其中，$T = \{t_1, t_2\}$。这里 $T = \{t_1, t_2\}$ 是农产品生产者（信号发出方）的类型空间，t_1 表示农产品生产者的类型是特色农产品，t_2 表示农产品生产者的类型是普通农产品。假定农产品生产者年产量规模固定为 Q，且产销平衡。由于信息不对称，农产品生产者明确了解自己的类型，而消费者对农产品不了解，但消费者可以根据以往的经验或平均情况得出一个关于农产品类型的先验概率 $\rho = \rho(t)$，其中，消费者对特色农产品的先验概率为 $\rho(t_1) = \lambda$，对普通农产品的先验概率 $\rho(t_2) = 1 - \lambda$，$\lambda \in [0, 1]$。

（2）农产品生产者在明确自身类型后，在自己的行为空间中选择一个行为（即发出一个信号），用 $m \in M$ 表示，其中，$M = \{m_1, m_0\}$。这里 $M = \{m_1, m_0\}$ 是农产品生产者（信号发出方）的行为空间，或称信号空间，m_1 表示农产品生产者创建品牌并向消费者传递品牌信号，m_0 表示农产品生产者没有创建品牌也不向消费者传递品牌信号。品牌可以一定程度地传递产品质量信息，但品牌建设本身和产品质量好坏并无直接关系，无论产品质量如何，生产者都可以通过品牌建设和宣传吸引消费者购买，区别仅在于高质量产品可能会获得消费者认可并引发消费者后续多次回购，而普通质量产品或者低质量产品则会让消费者感觉到"上当"而停止购买。根据假设 6 - 1，品牌建设初始固定性成本与企业规模及产品质量均无关，无论特色农产品生产者还是普通农产品生产者，只要进行品牌建设，都必须支付 $C(m_1)$ 的固定成本，且该成本需要在消费者未来多次的重复消费中逐渐摊销；反之，如若不进行品牌建设，则不会发生该项支出，即 $C(m_0) = 0$。

（3）信号接收方（消费者）在观察到信号发出方（农产品生产者）的信号 m 后，根据信号博弈的特点，其完美贝叶斯均衡的条件是消费者必须有关于农产品生产者类型的判断，即生产者发出 m_1 或 m_0 信号时，消费者对农产品生产者类型 t_i 的后验概率分布为 $\psi = (t_i \mid m)$。其中：

$$\psi = (t_i \mid M) \geqslant 0, \sum_{t_i} \psi(t_i \mid M) = 1 \qquad (6-1)$$

给定生产者的信号 M 和消费者的判断 $(t_i \mid M)$，消费者的行为空间用 $a \in A$ 表示，其中，$A = \{a_1, a_2\}$。这里，a_1 表示消费者选择购买的行为，a_2 表示消费者选择不购买的行为。

（4）假定 $C(t)$ 为农产品生产成本，$V(t)$ 为消费者对农产品的感受价值，且 $\partial C / \partial t > 0$，$\partial V / \partial t > 0$，即农产品质量越高，其生产成本也越高，带给消费者的感受价值也越高，且 $V(t) > C(t)$，否则交易无法进行；假定在完全信息条件下，高质量特色农产品与一般质量普通农产品的市场均衡价格为 $P(t_1)$ 和 $P(t_2)$，且 $P(t_1) > P(t_2)$；假定 $(\partial P - \partial C) / \partial t > 0$，即产品质量越高，其获利能力越强。

（5）由于信息不对称，消费者只能观察到品牌信号 m 而观察不到产品类型 t，则其对产品愿意支付的价格由 m 而定，即 $P(m)$。

（6）假定 $u_1(m, a, t)$ 表示农产品生产者的支付函数，即农产品生产者在各种情形下获得的收益；$u_2(m, a, t)$ 表示消费者的支付函数，即消费者在各种情形下获得的收益（消费者剩余）。如果消费者选择购买，则生产者支付函数 $u_1(m, a, t) = [P(m) - C(t)]Q - C(m)$，消费者支付函数 $u_2(m, a, t) = [V(t) - P(m)]Q$；如果消费者选择不购买，则生产者支付函数 $u_1(m, a, t) = -C(m)$，即生产者将损失创建品牌投入的固定成本，消费者支付函数 $u_2(m, a, t) = 0$。农产品生产者和消费者在不同情况下的支付函数如表 6-1 所示。其中，第一个数字为农产品生产者的支付函数，第二个数字为消费者的支付函数。

表 6-1　　　　　　　　农产品生产者与消费者的支付函数

生产者类型/消费者选择		创建品牌 m_1	不创建品牌 m_0
特色农产品 t_1	购买 a_1	$[u_1(m_1, a_1, t_1),$ $u_2(m_1, a_1, t_1)]$	$[u_1(m_0, a_1, t_1),$ $u_2(m_0, a_1, t_1)]$
	不购买 a_2	$[-C(m_1), 0]$	$(0, 0)$
普通农产品 t_2	购买 a_1	$[u_1(m_1, a_1, t_2),$ $u_2(m_1, a_1, t_2)]$	$[u_1(m_0, a_1, t_2),$ $u_2(m_0, a_1, t_2)]$
	不购买 a_2	$[-C(m_1), 0]$	$(0, 0)$

6.4.3　模型的建立与求解

根据信号博弈的特点，该博弈完美贝叶斯均衡是指农产品生产者传递品牌建设信号 $m(t)$，消费者观察到生产者发出的信号 m 后，得到对生产者所属类型的判断 $\psi = (t_i \mid m)$，并据此确定预期支付价格 $P(m)$，使：①给定消费者的预期价格 $P(m)$，品牌战略 $m(t)$ 是使类型为 t 的生产者收益最大化的选择；②给定消费者的判断 $\psi = (t_i \mid m)$ 和生产者的品牌信号 $m(t)$，$P(m)$ 是使消费者期望得益最大的选择。但该均衡可能因为不同类型生产者发出信号相同或不同而存在分离均衡和混同均衡。

6.4.3.1 分离均衡

分离均衡是指不同类型的完美信息博弈方（信号发送者）会以 1 的概率采取完全不同行为（选择不同信号）的市场均衡。即如果农产品生产者提供的是高质量的特色农产品，就会建立并发送品牌信号；而如果提供的是普通农产品，则会选择不发送品牌信号。在这种情形下，农产品生产者的行为（品牌信号）完全反映其所提供产品的质量，而消费者通过品牌信号就可以有效识别不同质量的农产品，从而实现不同质量农产品在信息对称条件下的市场均衡价格，即质优价高，质劣价低。用公式对以上均衡进行描述：

$$m(t_1) = m_1, \quad m(t_2) = m_0; \quad P(m_1) = P(t_1), \quad P(m_0) = P(t_2)$$

$$(6-2)$$

此时，消费者对农产品生产者提供产品类型的后验概率为：

$$\psi(t_1 \mid m_1) = 1, \quad \psi(t_2 \mid m_1) = 0, \quad \psi(t_1 \mid m_0) = 0, \quad \psi(t_2 \mid m_0) = 1$$

$$(6-3)$$

为简化分析，假定上述博弈过程只进行一次，即一次博弈，则实现分离均衡的必要条件为：

$$\begin{cases} u_1(m_0, \ a_1, \ t_2) \leqslant u_1(m_1, \ a_1, \ t_1) & (6-4) \\ u_1(m_0, \ a_1, \ t_2) \geqslant u_1(m_1, \ a_1, \ t_2) & (6-5) \end{cases}$$

上述必要条件表示：如果 m_1 是类型 t_1 的最优选择，则 m_1 不可能是 t_2 的最优选择，且 m_0 一定是类型 t_2 的最优选择，即分离均衡意味着类型 t_1 的生产者不愿意选择 m_0，类型 t_2 的生产者不愿意选择 m_1。注意，此处分离均衡的必要条件（6-4）是 $u_1(m_0, \ a_1, \ t_2) \leqslant u_1(m_1, \ a_1, \ t_1)$，而非 $u_1(m_0, \ a_1, \ t_1) \leqslant u_1(m_1, \ a_1, \ t_1)$。条件

（6-4）成立保证了高质量特色农产品创建品牌所获收益不会低于一般质量普通农产品不创建品牌的收益，否则可能会出现生产者没有动力和积极性生产并通过品牌建设销售高质量特色农产品。

根据模型参数假定：$u_1(m_0, a_1, t_1) = [P(t_2) - C(t_1)]Q$

$$u_1(m_0, a_1, t_2) = [P(t_2) - C(t_2)]Q$$
$$u_1(m_1, a_1, t_1) = [P(t_1) - C(t_1)]Q - C(m_1)$$
$$u_1(m_1, a_1, t_2) = [P(t_1) - C(t_2)]Q - C(m_1)$$

由于 $C(t_1) > C(t_2)$，所以 $u_1(m_0, a_1, t_1) < u_1(m_0, a_1, t_2)$，由此条件式（6-4）成立，则 $u_1(m_0, a_1, t_1) \leqslant u_1(m_1, a_1, t_1)$ 也成立。

将模型参数假定代入分离均衡必要条件式（6-4）、式（6-5）可得：

$$C(m_1) \leqslant [P(t_1) - C(t_1)]Q - [P(t_2) - C(t_2)]Q \quad (6-6)$$
$$C(m_1) \geqslant [P(t_1) - P(t_2)]Q \quad (6-7)$$

显然，式（6-6）、式（6-7）不会同时满足，由此，本文得到推论 6.1。

推论 6.1：假定当高质量特色农产品生产者与一般质量普通农产品生产者为品牌建设而投入的初始固定性成本相同时，如果生产者与消费者之间的交易是一次性的，即一次性信号传递博弈，则特色农产品生产者建设品牌而普通农产品生产者不建设品牌的分离均衡不存在，消费者不能依据生产者是否传递品牌信号对产品的质量类型进行判定。

当然，农产品属于日常生活消费品，具有很高的重复购买率，因此其交易并不是"一锤子买卖"；同时，前已述及，品牌良好的声誉需要多次重复博弈才能逐渐建立起来，由此，对于上述博弈，我们应该从重复博弈的视角进行考察分析。假定消费者在经过 n 次博弈后才会获得农产品的真实质量信息，因此如果是普通质量的农产品生产者（t_2 类型），其通过品牌信号传递只可能在第 $0 \sim n$ 年以较高的价格 $P(t_1)$ 进行交易，而从第 $n+1$ 年开始，由于消费者已经明确了解农产品真实质量，所以产品交易只可能以较低价格 $P(t_2)$ 进行；而如果是高质量特色农产品生产者（t_1 类型），则可一直以高价 $P(t_1)$ 持续重复交易下去。此时，给定贴现系数 δ，在无限次重复博弈路径下，农产品生产者的支付函数为各期销售产品所获收益的现值之和 $u_1'(m, a, t)$，消费者的支付函数为各期消费者剩余现值之和 $u_2'(m, a, t)$。

与一次博弈情形相类似，无限次重复博弈下，实现分离均衡的必要条件为：

$$\begin{cases} u_1'(m_0, a_1, t_2) \leqslant u_1'(m_1, a_1, t_1) & (6-8) \\ u_1'(m_0, a_1, t_2) \geqslant u_1'(m_1, a_1, t_2) & (6-9) \end{cases}$$

上述必要条件表示：类型 t_1 的生产者会以 1 的概率选择 m_1，而类型 t_2 的生产者会以 1 的概率选择 m_0。注意，与前述一次博弈相同，此处分离均衡的必要条件式（6-8）是 $u_1'(m_0, a_1, t_2) \leqslant u_1'(m_1, a_1, t_1)$，而非 $u_1'(m_0, a_1, t_1) \leqslant u_1'(m_1, a_1, t_1)$，以确保从长远角度来看，特色农产品生产者所获收益不会低于普通农产品生产者。

根据模型参数假定：

$$u_1'(m_0, a_1, t_1) = \frac{[P(t_2) - C(t_1)]Q}{1 - \delta}$$

$$u_1'(m_1, a_1, t_1) = \frac{[P(t_1) - C(t_1)]Q}{1 - \delta} - C(m_1)$$

$$u_1'(m_0, a_1, t_2) = \frac{[P(t_2) - C(t_2)]Q}{1 - \delta}$$

$$u_1'(m_1, a_1, t_2) = \frac{(1 - \delta^n)[P(t_1) - C(t_2)]Q}{1 - \delta}$$

$$+ \frac{\delta^n[P(t_2) - C(t_2)]Q}{1 - \delta} - C(m_1)$$

由于 $C(t_1) > C(t_2)$，所以 $u_1'(m_0, a_1, t_1) < u_1'(m_0, a_1, t_2)$，由此条件式（6-8）成立，则 $u_1'(m_0, a_1, t_1) \leqslant u_1'(m_1, a_1, t_1)$ 也成立。

将模型参数假定代入分离均衡必要条件式（6-8）、式（6-9）可得：

$$C(m_1) \leqslant \frac{[P(t_1) - C(t_1)]Q}{1 - \delta} - \frac{[P(t_2) - C(t_2)]Q}{1 - \delta} \quad (6-10)$$

$$C(m_1) \geqslant \frac{(1 - \delta^n)[P(t_1) - P(t_2)]Q}{1 - \delta} \quad (6-11)$$

其中，式（6-10）表明为品牌建设投入的初始固定成本应小于各期以高价销售高质量特色农产品收益的现值与以低价销售一般质量普通农产品收益的现值之差。式（6-11）表明为品牌建设投入的初始固定成本应大于一般质量普通农产品因品牌建设而在第 $0 \sim n$ 年以较高价格 $P(t_1)$ 进行交易所获超额收益的现值。

由式（6-10）和式（6-11）可得：当为品牌建设投入的初始固定成本 $C(m_1)$ 在区间 $C(m_1) \in \Big[\dfrac{(1 - \delta^n)[P(t_1) - P(t_2)]Q}{1 - \delta},$

$\dfrac{[P(t_1) - C(t_1)]Q}{1 - \delta} - \dfrac{[P(t_2) - C(t_2)]Q}{1 - \delta} \Big]$ 时，分离均衡得以实现。

同时，由式（6—10）和式（6—11）进一步可得：

$$\frac{(1-\delta^n)\left[P(t_1)-P(t_2)\right]Q}{1-\delta}\leqslant\frac{\left[P(t_1)-C(t_1)\right]Q}{1-\delta}-\frac{\left[P(t_2)-C(t_2)\right]Q}{1-\delta}$$

即 $\delta^n\geqslant\dfrac{C(t_1)-C(t_2)}{P(t_1)-P(t_2)}$。由此，本文得到推论6.2。

推论6.2：当贴现系数 δ 满足 $\delta^n\geqslant\dfrac{C(t_1)-C(t_2)}{P(t_1)-P(t_2)}$，且为品牌建设

投入的初始固定成本 $C(m_1)$ 位于区间 $\left[\dfrac{(1-\delta^n)\left[P(t_1)-P(t_2)\right]Q}{1-\delta}\right.$,

$\left.\dfrac{\left[P(t_1)-C(t_1)\right]Q}{1-\delta}-\dfrac{\left[P(t_2)-C(t_2)\right]Q}{1-\delta}\right]$ 时，分离均衡存在，此时
消费者可以通过农产品品牌信号对产品质量进行有效判定，即建设
并传递品牌信号的一定是高质量的特色农产品，不建设并传递品牌
信号的一定是一般质量普通农产品。

6.4.3.2　混同均衡

在分离均衡下，农产品生产者的行为（品牌信号）完全反映其
所提供产品的质量，而消费者通过品牌信号就可以把不同类型的农
产品生产者完全区分开来，进而做出实现自身效用最大化的行为选
择。但是，在现实情况中，总有一些生产者为了获得自身效用最大
化，不会按照分离均衡的方式去传递信号，而是不论商品质量高
低，都采用同样的信号策略，即农产品生产者无论提供哪种类型的
农产品都会建设并传递品牌信号，此时模型就转化为混同均衡。显
然，在混同均衡下，完美信息博弈方（农产品生产者）情况的不
同，并不会导致他们行为的不同，那么他们的行为也就不会给不完
美信息的博弈方（消费者）透露任何有用的信息。

根据前述分离均衡分析推论，则在无限次重复博弈路径下，当贴现系数 δ 满足 $\delta^n \geqslant \dfrac{C(t_1) - C(t_2)}{P(t_1) - P(t_2)}$ 时，本博弈可能存在以下两种混同均衡：

（1）特色农产品生产者与普通农产品生产者都不进行品牌建设的混同均衡。当 $C(m_1) > \dfrac{[P(t_1) - C(t_1)]Q}{1 - \delta} - \dfrac{[P(t_2) - C(t_2)]Q}{1 - \delta}$ 时，即为品牌建设投入的初始固定成本大于各期以高价销售高质量特色农产品收益的现值与以低价销售一般质量普通农产品收益的现值之差时，对农产品生产者来说，提供高质量特色农产品并通过品牌建设促进销售是不明智的，此时农产品生产者的最优选择是不建设品牌且销售一般质量普通农产品。

（2）特色农产品生产者与普通农产品生产者都进行品牌建设的混同均衡。当 $C(m_1) < \dfrac{(1 - \delta^n)[P(t_1) - P(t_2)]Q}{1 - \delta}$ 时，即为品牌建设投入的初始固定成本小于一般质量普通农产品因品牌建设而在第 $0 \sim n$ 年以较高价格 $P(t_1)$ 进行交易所获超额收益的现值时，对农产品生产者来说，无论其提供何种类型的产品，都会选择进行品牌建设。

特别地，当贴现系数 $\delta^n < \dfrac{C(t_1) - C(t_2)}{P(t_1) - P(t_2)}$ 时，即普通农产品生产者通过品牌建设销售产品所获收益高于特色农产品生产者通过品牌建设销售产品所获收益时，也会出现特色农产品生产者与普通农产品生产者都进行品牌建设的混同均衡情形。由此，本节得到推论 6.3。

推论 6.3：当 $\delta^n \geqslant \dfrac{C(t_1) - C(t_2)}{P(t_1) - P(t_2)}$ 且 $C(m_1) > \dfrac{[P(t_1) - C(t_1)]Q}{1 - \delta} -$

$\dfrac{[P(t_2) - C(t_2)]Q}{1 - \delta}$ 时，存在特色农产品生产者与普通农产品生产者

都不进行品牌建设的混同均衡；当 $\delta^n \geqslant \dfrac{C(t_1) - C(t_2)}{P(t_1) - P(t_2)}$ 且 $C(m_1) <$

$\dfrac{(1 - \delta^n)[P(t_1) - P(t_2)]Q}{1 - \delta}$ 或 $\delta^n < \dfrac{C(t_1) - C(t_2)}{P(t_1) - P(t_2)}$ 时，存在特色农产

品生产者与普通农产品生产者都进行品牌建设的混同均衡。

6.4.4　模型释义

本节将西部县域特色农产品品牌建设决策视为一个无限次重复
博弈过程，并在此基础上构建基于品牌声誉的特色农产品质量信号
传递模型，以分析柠檬市场下特色农产品品牌的有效性。

根据推论 6.2，在 $\delta^n \geqslant \dfrac{C(t_1) - C(t_2)}{P(t_1) - P(t_2)}$ 条件下，当品牌建设初始固定

成本 $C(m_1)$ 在 $\left[\dfrac{(1 - \delta^n)[P(t_1) - P(t_2)]Q}{1 - \delta}, \dfrac{[P(t_1) - C(t_1)]Q}{1 - \delta} - \right.$

$\left. \dfrac{[P(t_2) - C(t_2)]Q}{1 - \delta} \right]$ 区间内时，分离均衡存在。由推论 6.2 可以

看出：

（1）对一般质量的普通农产品生产者来说，是否进行品牌建设
主要取决于异质产品的价格差异 $P(t_1) - P(t_2)$，及其能在多长时
间内持续以高价销售低质产品。由 $\delta^n \geqslant \dfrac{C(t_1) - C(t_2)}{P(t_1) - P(t_2)}$ 可得 $n <$

$\log_{\delta} \dfrac{C(t_1) - C(t_2)}{P(t_1) - P(t_2)}$，即要实现分离均衡，需要消费者在足够短的时间内识别农产品的真实质量类型，这样才能避免普通农产品生产者通过品牌包装来以次充好，持续以高价 $P(t_1)$ 销售一般质量农产品。然而，除具有经验品特性外，许多特色农产品更契合信任品特征，其功能性价值（保健、养身等）短期内往往难以显现，消费者即使在较长时间反复购买并食用也很难充分识别其真实质量。因此，单纯依靠消费者对农产品质量的鉴别能力不仅难以实现一般农产品与特色农产品的分离均衡，更会增加消费者的选择成本，抑制消费者对特色农产品的购买意愿。

（2）对高质量特色农产品生产者来说，假定其产品能以较高价格 $P(t_2)$ 在未来持续销售，则是否进行品牌建设主要取决于异质产品的获利水平差异 $[P(t_1) - C(t_1)] - [P(t_2) - C(t_2)]$，产品产销规模 Q 及生产者谋求长效收益的耐心程度 δ。从我国西部县域农业特色产业发展现状来看，特色农产品生产基本以农户家庭分散经营为主，生产缺乏统一的组织和管理，标准化及规模化程度较低，以及农户普遍偏重短期收益等问题，致使特色农产品难以实现其本应具有的获利能力。因此，当我们假定不同质量类型生产者为品牌建设投入的初始固定性成本 $C(m_1)$ 相同时，不等式 $C(m_1) > \dfrac{[P(t_1) - C(t_1)]Q}{1 - \delta} - \dfrac{[P(t_2) - C(t_2)]Q}{1 - \delta}$ 成立的可能性更高，即推论6.3中指出的特色农产品生产者与普通农产品生产者都不进行品牌建设的混同均衡情形的存在更为普遍。这也从理论层面解释了为什么西部县域农业特色产业发展大多囿于"有品无牌"的困境，难以实现其市场竞争力。

综上所述，可以看出品牌建设及其信号作用的有效发挥对西部县域特色农业产业市场价值的实现及竞争力的提升具有重要的意义和作用。但是，在西部县域农业特色产业发展中，单纯依靠市场机制难以为农特产品品牌建设提供足够的动力，也无法有效实现市场的分离均衡，这是农业作为典型的公共产品性产业所难以克服的。林毅夫教授（2012）在其新结构经济学中倡导"有为政府"，即"市场失灵之处即是政府有为之时"，因此，政府作用的发挥对于西部县域农业特色产业品牌建立及产业竞争力培育也具有关键意义。关于政府对西部县域农业特色产业品牌建设及竞争力培育的作用，将在后续章节进行专门讨论，本章不再展开研究。

第 7 章

企业战略与西部县域农业
特色产业竞争力

波特认为，企业战略的作用在于指导企业从事各种交易活动，并组织完整的企业价值链。同时，波特也指出在产业竞争中，企业价值链事实上附属于一个包含了上游供应商及下游营销渠道和终端客户等价值单元在内的更为庞大的价值体系中，即产业价值链。在产业价值链中，各价值环节环环相扣，在实现自身环节价值增值的同时，也决定着最终产品价值的实现，而这种各节点企业的价值增值及最终产品价值的良好呈现，必须是以某种能够满足市场需求的核心效用为驱动力量，没有被市场接受和认可的核心效用，产业价值链则失去了建构的基础，更难以实现价值在产业通道中的实现和转移（曹阳，2011）。

从产业价值链理论出发，本书认为基于区域不可流动要素功能与作用而形成的"特色"就是县域农业特色产业对接市场需求的核心效用，它不仅构成农业特色产业链运行的驱动力量，更是西部县域农业特色产业成长和竞争力培育的基础。目前，在传统产业链运行模式下，西部县域对其特色农业资源多为简单表浅的凭借和利用，其特色农产品也多为"土特产"层面的初级农产品，产业各环节经济租金挖掘还十分有限。因此，从产业价值链重构视角引导县域农业特色产业发展，通过产业价值链优化升级实现对产业特色的深度挖掘，进而获得产业竞争力，是县域农业特色产业及相关企业主体发展的重要战略选择。本章首先对西部县域特色农业产业价值链典型模式进行梳理和评价；然后对西部县域特色农业产业链竞争力的形成机制进行阐释；最后分析西部县域特色农业产业链构建目标及影响因素，并在此基础上尝试基于区块链技术进行西部县域特色农业产业链架构设计。

7.1 中国农业产业价值链变迁分析

现代农业竞争已不再局限于某一单独产品或单个生产环节的竞争，而更大程度上体现为全产业价值链条之间的竞争。农业特色产业作为当前农业产业结构调整的新视点，其产业发展及竞争力提升更有赖于关联产业的深度融合及由此触发的产业价值链条的延伸和拓宽。特色农业产业价值链是农业产业价值链的具体形式，因此本章首先对我国农业产业价值链的发展历程及演化趋势进行梳理和分析，以期为西部县域农业特色产业价值链重构夯实理论及实践基础。

农业产业价值链是产业价值链中一个特殊且重要的类别。从组成因素看，农业产业价值链是以初级农产品生产为主要环节，并与相关联部门（农资供应、良种培育、农产品深加工、销售及配套服务等）发生密切经济技术联系所构成的链状组织；从经济效应角度分析，农业产业价值链体现为从"原材料供应—初级农产品生产—农产品深加工—市场销售"的价值增值链条，该链条具有"微笑曲线"特征，即相较于价值链中间链环，处于链条两端的链环具有更高的盈利能力及附加值（戴孝悌，2016）。从 20 世纪 70 年代末开始，以农产品传统生产及流通模式为基础，我国农业产业价值链开始有所发展，参考卢凤君（2006），张喜才（2020）等的研究成果，大致可划分为逐级演进的四个阶段。

7.1.1 萌芽探索阶段（1978～1997 年）

1978 年，党的十一届三中全会召开，我国开始实行由计划经济体制向市场经济体制转变的对内改革、对外开放政策。我国的对内改革最先从农村开始，在安徽省小岗村"大包干"改革的示范引领下，我国政府一方面致力于家庭联产承包责任制的稳定和完善，鼓励农民开展多种经营；另一方面不断深化农产品流通体制改革，打破"统购统销"流通体制，减少流通环节，实施多渠道流通体制。在这一阶段，政策的"松绑"推动了我国农业产业价值链在生产环节及流通环节的突破和发展，而乡镇企业的崛起特别是以农产品加工和流通为主要业务的乡镇企业的大力发展，在引导生产、开拓市场、资金供给、服务农民等方面起到了一定的"龙头"作用，成为该时期农业产业价值链延伸的核心组织力量。然而，从整体来看，该阶段我国农业产业价值链整体处于萌芽探索阶段，价值链条短且稳定性差，产品附加值低，各链环主体关联不紧密等问题十分突出。

7.1.2　调整提升阶段（1998～2010 年）

20 世纪 90 年代后期，我国粮食等主要农产品供求由长期不足转变为"总量基本平衡，丰年略有结余"的新格局。农产品供给数量的充足，不仅有效提升了城乡居民的生活水平，也为农业产业结构调整及农业市场化发展奠定了必要的物质基础。然而，伴随农业市场化的逐步深入，我国部分农村地区开始出现农产品供给过剩，农民增产不增收的问题。在此背景下，山东省、浙江省等农业大省的农村地区开始自发探索"种养加""产供销""贸工农"的一体化农业经营模式，农业产业化经营雏形初现，农业发展迈入产业化经营新阶段。在这一阶段，以龙头企业为代表的农业产业化组织数量迅速增加，业务涉及农业各行业，绝大多数龙头企业为农户提供生产资料、技术指导、市场信息、产品收购、仓储运输和技能培训等系列服务，引导农户由自发分散生产向有组织有计划的订单生产转变。产业化经营理念对我国农业生产经营模式产生了深刻影响，我国农业产业价值链开始由"偏重生产、流通"向"农资供应、加工"等上下游环节延伸拓展，各链环主体也开始由松散型利益联结向紧密型利益联结转变。

7.1.3　创新发展阶段（2011～2015 年）

2012 年，农业农村部发布的《农业部关于贯彻落实〈全国现代农业发展规划（2011－2015 年）〉加快推进现代农业建设的实施意见》中明确指出推进现代农业产业体系建设，应以农业全产业链理念为指导，推进一二三产业融合发展，提升农业在休闲、文化、生态等方面的价值，创新农业功能，提高农业全产业链附加值及综合效益。在这一阶段，创新和全产业链构建成为新时期推进我国农业现代化建设的重要任务。在此指引下，一方面，农超对接、农校对接、农社对接等新型零售模式不断涌现，农业产业价值链进一步向零售环节拓展延伸；另一方面，农业观光、农事体验等农业新型业态的产生发展也进一步将农业产业价值链由农业自身延伸至旅游服务等产业，在产业融合中实现农业产业价值链的创新发展。

7.1.4 "互联网＋"阶段（2016年至今）

2016年，中央"一号文件"提出要着力推进"互联网＋"现代农业，以云计算、物联网、移动互联、大数据等现代信息技术在农业中的广泛应用，推动农业全产业链升级改造。以此为契机，"互联网＋"开始深入我国农业产业价值链生产、经营、管理、服务等各个环节，并通过网络技术及信息平台建设，实现各环节上政策、农资、物流、科技、金融、零售等信息要素的共享与整合，推动我国农业产业价值链开始向信息化、复杂化、标准化、网络化模式演进。特别是近年来，区块链技术在涉农领域的引入和应用，有效破解了农业产业价值链治理中的信息不对称和信息失真等问题，进一步推动了农业产业价值链的全链条贯通和整体价值的持续提升。

7.2　特色农业产业价值链概念及构成

特色农业产业价值链是农业产业价值链的一种具体形式，因此依据特色农业产业概念及农业产业价值链构成，本节认为特色农业产业价值链概念应当从组织结构及经济效益两个方面进行解读。从组织结构角度来看，特色农业产业价值链是以区域内独特的自然环境及资源禀赋为依托，生产加工具有特殊品质的农产品，以及该种农产品产与销各环节相关经济主体构成的一种链状组织；从经济效益角度来看，特色农业产业价值链实现对特色农产品生产、加工、销售的全过程串联，体现为一个价值增值链条。

现实环境中，构建一套系统完整的特色农业产业价值链条，需要整合协调包括设计研发、生资采购、特色农产品生产、加工、物流、销售、金融、农业社会化服务等诸多环节，这些环节按照其在特色农业产业价值链上的位置和职能可进一步划分为产前环节、产中环节及产后环节。其中，产前环节主要涉及特色农业生产要素的研发、培育，以及农业生产资料的供应及流通；产中环节主要涉及特色农产品种养殖，以及对初级农产品的加工、分类、包装；产后环节主要涉及特色农产品的流通销售及增值服务。这些环节涉及三大产业部门的多个行业，因此各环节职能的实现及有效衔接取决于产业链上分布于各产业行业相关主体的良好协调及沟通，这些主体一般包括核心企业、中介组织及研发机构等，它们构成了特色农业产业价值链各环节节点，其构成及主要职能如表 7-1 所示。

表7-1　　　　　　　特色农业产业价值链节点组织及职能

节点组织	类型	构成	职能
核心企业	价值链上游环节企业	农资供应企业、农资流通企业	农资供应、农资流通、农资服务等
	价值链中游环节企业	农产品生产企业、农产品加工企业	制订农产品生产计划、组织生产、精深加工、质量控制、分类包装等
	价值链下游环节企业	农产品物流企业、农产品销售企业	特色农产品储运、渠道建设、分销及增值服务等
中介机构	自组织机构	农民合作社、技术协会、供销社、商会等	争取和维护成员合法权益、提供技术指导、人员培训、市场信息等、环节间沟通协调等
	专业服务机构	会计师事务所、金融咨询服务机构、律师事务所、质检中心等	为价值链各主体提供金融、财务、法律、产品质量认证及企业价值评估等专业性服务
研发机构	高等学校、科研机构等		生产要素研发、种养殖技术研发、产品创新、技术指导

资料来源：笔者整理。

特色农业产业价值链每一环节都属于不同的产业，环节与产业部门紧密相连；同时，隶属于不同产业行业的各环节节点通过协调、合作，在促进整个产业链条价值最大化的同时，也实现自身收益的最大化。各产业部门、环节及节点组织以特色农产品产加销为核心，通过分工协作耦合网织在一起，构成了系统完整的特色农业产业价值链网，具体构成框架如图7-1所示。

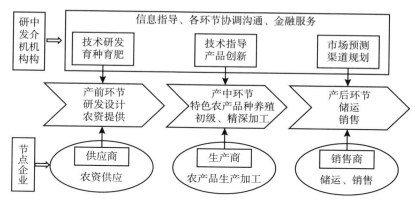

图 7 - 1　特色农业产业价值链构成框架

资料来源：笔者绘制。

7.3　西部县域特色农业产业价值链典型模式分析及现状评价

7.3.1　西部县域特色农业产业价值链典型模式分析——以甘肃省为例

2018 年以来，甘肃省委省政府结合甘肃省情将"牛、羊、菜、果、薯、药"确定为六大扶贫特色农业产业，统筹推进农村产业融合及乡村振兴战略。经过 3 年多的努力，在省担总责、市州牵头，各县具体落实的三级政府责任制下，各县域因地制宜，针对地方特色产业发展，在延长产业链、提升价值链等方面做出了许多积极有益的探索，并在实践中有效推进了农业提质增效、农户持续增收。

从甘肃省特色农业产业发展实践来看，甘肃省特色农业产业价值链主要可归纳为合作社主导模式、龙头企业主导模式及合作社与龙头企业联动模式三种。

7.3.1.1　合作社主导模式——宕昌模式①

合作社主导模式是由农民专业合作社牵头，通过组建企业实体，实现社内成员及附近农户特色农产品生产、加工、销售的一体化经营。具体如图7-2所示。

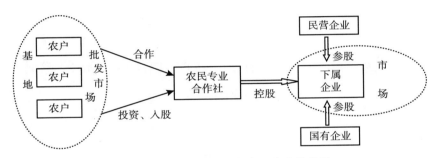

图7-2　合作社主导特色农业产业价值链

资料来源：笔者绘制。

农民专业合作社是实现小农户有效对接大市场的关键环节。长期以来，甘肃省贫困县域的农民专业合作社普遍存在覆盖面小、发展滞后、运营规范性较弱等问题，带贫益贫作用体现不明显，而宕昌县在以合作社主导带动特色农业产业发展方面成效显著，被称为"宕昌模式"。宕昌县地处甘肃省陇南山区，盛产各类中药材、黑木

耳、土蜂蜜等农特产品，与此同时宕昌县隶属秦巴山集中连片特困地区，山大沟深、经济基础薄弱。由于物流、交通、信息等方面的瓶颈约束，宕昌县优质的农特产品形不成品牌，卖不上价格，富庶的物产难以为当地农户带来殷实的收入。2018 年 11 月，由宕昌县万众富明特色农业农民专业合作社联合社、甘肃农垦集团、甘肃琪昆农业发展有限公司、甘肃中药材交易中心股份有限公司及宕昌县国资办共同发起，成立陇南市羌源富民农业发展股份有限公司，该公司由联合社控股，国有、民营企业参股形式组建，内设股东大会、董事会、监事会及经理层。该公司运行环节主要包括：制订年度生产计划、按程序统一拨付特色产业发展资金、村办合作社依据计划组织生产加工、公司统一销售。在这种生产经营组织模型下，宕昌县逐步形成了以"富民公司为龙头、以农民联合社为纽带、以贫困户为主体、电子商务助推销售"的全产业链发展模式，为宕昌县解决特色农业发展资金分散、效益不足，以及特色农产品质量标准、加工包装、销售价格不统一，农户难以直接对接大市场等问题开辟了有效路径。

合作社主导模式下，从耕地规划、农资购买到特色农产品的产加销，以及包装、定价都由合作社统一组织管理，产业链条上各环节隶属于同一主体，一方面使大部分市场交易成本转化为合作社内部管理成本，降低了产业营运成本；另一方面也有利于充分保障农户利益，激发农户生产潜能及积极性。当然，这种模式对农民合作社的投资运营及管理能力也提出了较高的要求。

7.3.1.2　龙头企业主导模式——环县模式①

龙头企业主导模式是以龙头企业为核心，围绕某一项或多项特色农产品，以"龙头企业＋农户""龙头企业＋基地＋农户"等形式实现特色农产品生产、加工、销售的一体化经营。具体如图 7－3所示。

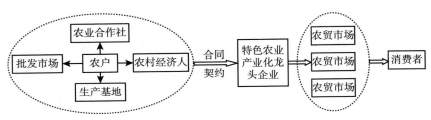

图 7－3　龙头企业主导特色农业产业价值链

资料来源：笔者绘制。

环县是甘肃省深度贫困县区之一，也是草畜产业大县，环县群众素有种草养羊的传统。基于自身资源优势及养殖传统，环县将肉羊产业确立为富农增收的首要特色产业。2016 年，为推进环县肉羊产业标准化、规模化、集约化发展，环县县委县政府举全县之力积极引进全产业链的肉羊发展龙头企业——中盛农牧发展有限公司，实施百万只肉羊屠宰及精深加工全产业链项目，实现从饲料种植、良种繁育到规模化养殖、屠宰加工、分类包装及冷链物流、渠道分销等全产业链各环节的龙头企业带动。该种模式下，龙头企业作为

---

① 安志鹏．环县肉羊产业拓富路［N/OL］．（2019－12－18）［2022－5－10］．http：//9Y. gansudaily. com. cn/system/2019/12/19/017316287. shtml.

整个产业价值链的核心，前向与农户（合作社）通过签订契约或合同建立起某种较为稳定的购销关系，同时利用自身技术及资金优势，为农户提供技术指导及生产资金、资料支持，以保障和提升初级肉羊产品的产出质量及稳定性；中间对产品进行精深加工，依据国际市场标准屠宰加工、精心分割，培育"中盛环有"品牌系列产品80多种；后向利用自身专业的市场及渠道开发能力，以消费者更为接受和认可的方式"一鲜到底"，配送全国，将肉羊产品送达消费终端。

龙头企业主导模式下，龙头企业借助其信息及技术方面的优势能够实现全产业链各环节间的整合及信息聚集，形成统一高效的信息平台，进而提升全产业链各环节的运营效率，促进全产业链价值增值。但是这种模式一方面过于倚重龙头企业的整体规划及运营能力，企业运营及管理成本较高；另一方面也容易形成龙头企业在全产业链的垄断地位，缺乏制衡，弱化其他环节在产业链的地位和作用。

7.3.1.3 合作社与龙头企业联动模式——庄浪模式①

合作社与龙头企业联动模式是以合作社为基础，以国有公司为龙头，将小规模分散经营整合为较大规模群体经营，进而实现特色农业产前、产中、产后全方位服务和一体化经营。这种模式是对合作社主导模式及龙头企业主导模式的有益补充和改进，以"庄浪模

---

① 孔繁鑫."庄浪模式"与"三变"改革：黄土地上走出的庄浪路子［N/OL］. (2019－07－06)［2022－05－10］. http://www.360kuai.com/pc/9a5e12518fcfdc224? cota=38&kuai_so=1&sign=360_57c3bbd1&refer_scene=so_1.

式"为典型代表,在全省各县域特色农业产业发展中得到了广泛的推广及创新,具体如图 7-4 所示。

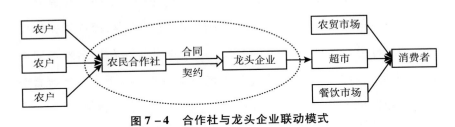

图 7-4 合作社与龙头企业联动模式

资料来源:笔者绘制。

庄浪县位于甘肃省中部,素有"瓜果之乡"的美称,但地理位置偏远、干旱多灾,工业基础薄弱,使庄浪县农业发展长期"靠天吃饭",广种薄收。为突破农业发展瓶颈,壮大特色优势产业,庄浪县搭建县乡村三级产业发展平台,县级层面,组建国有企业——庄浪县农业产业扶贫开发有限责任公司;乡镇层面设立分公司;村级层面组建特色农业专业合作社,以合作社与龙头企业联动模式实现产业发展平台公司化运作,通过订单带动、购销带动、技术支持、资源服务供给等方式延伸产业链,提升价值链,推进当地特色农业产业转型升级。

合作社与龙头企业联动模式下,一方面,龙头企业可以通过合作社规范农户生产行为,确保农户按企业技术质量要求提供农产品;另一方面,农户可以通过合作社与龙头企业实现平等协商,尽可能多为自己争取权益。农户、合作社、公司三方共赢有利于产业链的稳定。

7.3.2　西部县域特色农业产业价值链现状评价

甘肃省县域特色农业产业发展是西部各县域特色农业产业发展的缩影，具有一定的典型性和代表性。依据甘肃省特色农业产业价值链现有典型模式，综合前文对我国农业产业价值链发展历程及演化趋势的梳理可以看出，西部县域特色农业产业价值链发展基本处于调整提升阶段和创新发展阶段，这主要体现为：首先，特色农业产业化经营在西部县域得到了较为广泛的实践，各链环主体利益联结趋于紧密。其次，产业链延伸、价值链提升取得了较为明显的成效。西部县域特色农业产业价值链从过去仅偏重生产、流通逐步向农资供应、加工、销售（零售）等上下游环节拓展延伸，在多举措促进产业融合的同时实现了产业链附加值及综合效益的显著提升，农民收入实现较快增长。最后，随着国家对西部欠发达地区特色产业扶贫政策的推进，以及互联网技术及手机、电脑等终端设备的普及，西部欠发达地区一些县域围绕特色农产品生产经营开始尝试将"互联网＋"等信息技术运用于地方特色农业产业价值链的构建中，产业链科技含量有所提升。

以甘肃省为代表，西部县域在以全产业链建设推动区域特色农业发展，促进产业转型升级方面取得了良好的阶段性成果。然而，在总结并推广成功经验的同时，西部县域特色农业产业价值链构建还存在许多亟须解决和突破的问题。

7.3.2.1　产业价值链前端环节

特色农业产业价值链前端环节（即产前环节）主要涉及特色农

业生产要素的研发、培育，以及农业生产资料的供应及流通。首先，农业生产资料包括特色农业生产所需的种苗、化肥、农药及各种机械设施等物资，其对特色农产品产量稳定、质量提升发挥着重要的源头作用。就目前来看，我国农资市场特别是西部落后地区农资市场依然以代理商、零售商模式为主，在这种模式下，农资从厂家到农民手中要经历多层关卡，不仅效率低、成本高，而且存在着较为严重的农资产品价格参差不齐、质量效果难以保证且监管乏力等问题。特别是在西部乡村农资市场，一物多名、一名多物、优劣难辨、监管不力的农资供应现状，既削弱了特色农业产业链前端功能的发挥，也给产业链终端产品的质量埋下隐患。其次，根据"微笑曲线"，产业链前端的农业设施现代化建设水平、新品种培育研发水平，以及生物农药、化肥等生产资料在技术上的突破，是特色农业高质量产业化发展的基础，也是提升产业链附加值和竞争力的重要抓手，而这恰恰是西部县域农业特色产业发展的薄弱环节。基础设施落后、产品研发创新能力弱、农业新技术推广困难等问题从源头上抑制了特色农业产业链条的延伸及价值的提升。

7.3.2.2　产业链中间环节

特色农业产业价值链中间环节（即产中环节）主要涉及特色农产品种养殖及对初级农产品的加工、分类、包装等，该环节经营主体主要为从事农业生产的农户、农民专业合作社以及农业生产龙头企业等。首先，以甘肃省为缩影，西部欠发达县域特色农业产业发展普遍存在组织化程度不高的问题，分散的小农户经营成为地方农业特色产业规模化、产业化发展的严重阻碍。虽然近年来各基层政府积极推动农民合作社发展以提升农民组织化程度，并通过土地流转大力推进农业规模化发展，但一方面由于小农户自身的认知约束和机会主义行为普遍存在，另一方面由于农民合作社组建多流于形式，没能充分发挥其"农民联合体"的作用，从而削弱了特色农业产业链上农户、农民合作社及龙头企业等经营主体的联结与协作，抑制了小农户与大市场的有效衔接。其次，虽然西部欠发达县域农特产品资源丰富，但产品精深加工程度不足、科技含量不高、品牌附加值低等问题较为显著。近年来，西部欠发达地区开始重视对农业龙头企业的引进和培育，但囿于经济发展水平与地理区位限制，区域内农业龙头企业普遍规模较小，经济实力及区域辐射带动能力明显不足。而且，由于多数龙头企业仅是对农特产品的初级加工及销售，新产品研发投入不足且缺乏全产业链运营的意识和能力，这也造成了西部县域特色农产品普遍商品化程度不高且不可追溯，难以形成品牌价值。

7.3.2.3　产业链后端环节

特色农业产业价值链后端环节（即产后环节）主要涉及特色农产品的流通销售及增值服务等，是特色农业产业链条上的高附加值环节。2021 年，中央"一号文件"明确提出要依托乡村特色优势资源，构建特色农业全产业链，把产业链主体留在县城，让农民分享更多的产业增值收益。从产业链构成主体的区域分布来看，西部欠发达县域特色农业发展大致可划分为以下三种模式：

（1）特色农业产业链从种养殖（生产）到加工再到流通销售及

消费都集中在本区域范围内完成（见图7-5）。在这种模式下，特色农业产业链条上各环节主体都在本区域内，基本形成区域内全产业链发展模式。但是由于该模式仅局限于区域内部封闭式发展，外部创新资源对接不足，因而对特色农产品质量、档次的提升有所限制。另外，由于特色农产品的异质性在本地市场难以获得重视和体现，且西部县域内消费水平普遍较低，从而导致这种模式下特色农产品在本地市场低价徘徊，难以实现产业链的价值增值。

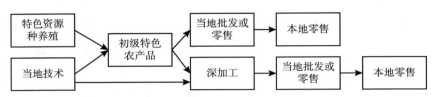

图7-5　西部欠发达县域特色农业产业链构成主体的区域分布模式1

资料来源：笔者绘制。

（2）特色农业产业链上游农资供应、中游特色农产品种养殖及加工都由本地经营主体完成，而下游流通销售环节完全由区域外部经营主体买断经营（见图7-6）。在这种模式下，特色农业产业链条上附加值较低的生产环节在本地区域内完成，而附加值较高的流通销售环节则由区域外经营主体买断完成。这种各环节分属区域内外不同利益主体的链条组织模式，不仅容易发生链条脱节现象，而且由于附加值较高的流通销售部分流失于区域外部，本地农民及企业实际上无法分享产业增值收益，利益难以获得保障。

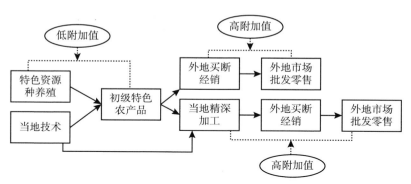

图 7 – 6　西部欠发达县域特色农业产业链构成主体的区域分布模式 2

资料来源：笔者绘制。

（3）特色农业产业链上只有初级农特产品种养殖环节在本区域内完成，而产品的精深加工及销售流通环节由区域外部经营主体完成（见图 7-7）。在这种模式下，区域内企业及农户都处于特色农业产业价值链低端，而价值链上高附加值环节都流失于本地区域之外，这不仅强化了区域内农户的价值链低端地位，使农户长期处于低收入水平，更抑制了区域内农业企业发展及地方产业升级，区域经济发展水平难以获得提升。

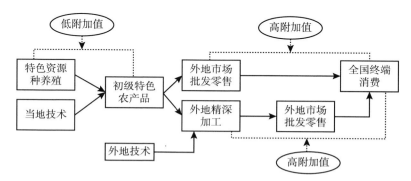

图 7 – 7　西部欠发达县域特色农业产业链构成主体的区域分布模式 3

资料来源：笔者绘制。

从以上对西部县域特色农业产业链构成主体的区域分布可以看出，西部欠发达县域特色农业产业链存在较为普遍的跨区域联结现象，各环节经营主体分布在不同区域，特别是附加值较高的流通、销售等产业链后端环节普遍都流失于本地区域之外。价值链增值主体不在本域内，利润当然也不会留在本区域内，县域特色产业竞争力自然难以获得提升。而且即使部分县域特色农业发展构建了区域内全产业链发展模式，在产业链后端环节也多囿于地理区位、营销手段、市场开拓能力及冷链物流水平的限制，更多地局限于市场规模及消费能力都十分有限的本地市场，难以实现产业链后端环节应有的高附加值。

综上所述，当前纵向一体化的产业链发展形式已成为推动西部县域特色农业产业发展的有效形式，也在实践中取得了一些成功的经验。然而，产业链上、中、下游各环节存在的问题及产业链本身的不完整性都严重制约着西部县域特色农业产业竞争力的提升，进而影响区域经济的发展。因而，从产业链竞争力的形成机制出发，进一步完善和优化西部县域特色农业产业链，是现阶段我国西部地区推动特色农业产业发展，提升产业竞争力的必要之举。

7.4 西部县域特色农业产业链竞争力的形成机制

根据竞争力经济学理论，影响某一产业竞争力的因素可归纳为两类：比较优势和竞争优势。比较优势可归结为一国或区域的资源优势，或产业发展的有利条件；竞争优势则强调推动产业发展的策略及行为。

　　农业特色产业链以特色农产品为核心，是一个集"产供销""农工贸"多环节一体化的协调系统，其形成与发展过程也是农村与城市、第一产业与涉农第二、第三产业融合发展，创新升级的过程。因此，特色农业产业链竞争力的形成可以从核心驱动力、产业价值链运行机制及产业价值链创新机制三个方面进行分析和考量，其中核心驱动力体现产业的比较优势，产业价值链运行机制及产业价值链创新机制体现产业的竞争优势（见图 7 - 8）。

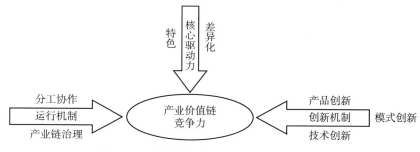

图 7 - 8　特色农业产业链竞争力形成机制

资料来源：笔者绘制。

7.4.1　核心驱动力

　　西部县域特色农业产业链是基于区域内稀缺特殊的农业资源生产加工具有某种"特色"的农产品。一方面，区域内特殊稀缺的农业资源既包括完全不可流动的自然资源要素，也包括不具备完全流动性的地方民俗文化、工艺传承等要素，这些不可流动要素由于其垄断性和不可替代性而成为西部县域特色农业产业链培育竞争力的先天优势；另一方面，先天优势并不必然转化为竞争力，竞争力最终取决于产品在市场上的表现。由于根植于特定地域或者拥有独特的生产与种养殖技术，与一般农产品相比，西部县域特色农产品在产品品质、功能价值上往往表现出更高的水平，并由此体现为某种"特色"，而这种基于区域不可流动要素形成的产品"特色"，或者说产品的异质性正是西部县域特色农业产业链对接市场需求的核心效用，它不仅是特色农业产业链形成与发展的基础，更是产业链竞争力培育与提升的核心驱动力。因此，深挖区域不可流动要素租值，为市场提供多层次、差异化产品，对接消费者个性化、多样化需求，是西部县域特色农业产业链获得高额利润、实现竞争力的出发点和落脚点。

7.4.2　产业链运行机制

特色农业产业链是由与特色农产品供产销活动相关联的农户、企业、中介机构等组成的链状组织结构，这种组织结构介于完全科层制的企业组织与完全竞争的市场组织之间，其有效运行有赖于产业链上各环节节点组织的良好协作。从各节点组织分工协作的运行机制来看，一方面，特色农业产业链是否形成竞争力首先取决于产业链条上各节点组织自身的发展水平及实力，特别是各环节龙头企业竞争力的强弱，这是整个链条竞争力形成的基础；另一方面，产业链上各节点组织围绕特色农产品生产经营分工协作，相互链接，最大限度发挥自身竞争力的同时，也在产业链层面上的自运行过程中逐步实现链条整体竞争力的提升。因此，农业特色产业链竞争力形成的根本在于链条上各经营主体自身的竞争力，以及分工协作运行机制下各经营主体耦合网织形成的竞争合力，而这种竞争合力的持续获得有赖于产业链治理的进一步强化。

长期以来，西部县域特色农业产业链上的农户、农民合作社、企业等主体间由于信息不对称以及有限理性而存在一定的机会主义行为，由此导致个体目标与链条整体目标不一致，对产业链竞争力的形成产生了消极影响。根据新制度经济学，认知约束和信息约束导致机会主义。因此，通过治理机制的优化，缓解或改善特色农业产业链上各环节主体的认知约束和信息约束，抑制机会主义行为，是西部县域特色农业产业链竞争力提升的有效制度保障。

7.4.3　产业链创新机制

波特指出，持续的竞争力有赖于产业不断创新以提升其层次，甚至适时舍弃其现有优势以在更高水平上形成新的竞争力（金碚，2003）。创新是一切主体获得持续竞争优势的源泉，长期囿于现有优势，迟早会被取而代之。对于西部县域特色农业产业链而言，由于农业本身的弱质性及产品的同质性，其创新升级显得尤为重要，可以说西部县域特色农业产业链的创新升级能力决定着其竞争能力。首先，相较于一般农产品来说，西部县域特色农产品的竞争力更多地取决于产品的差异优势，而这种差异优势不仅来源于区域特殊的农业自然资源，更应依托于产品自身科技含量水平的提升，即产品创新。这种创新将会增强"土特产"的商品化程度，在有效对接多样化、个性化市场需求的同时，形成产业链难以被替代和模仿的竞争力。其次，技术创新有利于生态环境保护和生产资料节约，为特色农业产业链控制要素成本，实现永续发展提供了技术支撑。最后，物流配送模式及营销渠道创新，可以有效提升农特产品形象竞争力和销售竞争力。可以说，产业价值链各环节创新升级及各节点组织联动形成的网络创新比较优势是农特产品更深层次产品化并由此提升竞争力的不竭动力。

从以上对西部县域特色农业产业链现状述评及特色农业产业链竞争力形成机制的分析中可以看出，当前西部县域特色农业产业链竞争力的短板在于运行机制不畅及创新机制不足，而这种不畅和不足也使产业链对特色资源租值的挖掘难以深化，从而也削弱了"特色"对产业链发展的核心驱动力作用。因此，本节认为，西部县域特色农业产业链构建和延伸应该在现有产业链运营模式下，更加强调运行机制的优化和创新机制的提升，以产业链各环节节点组织的良好协作及产品、技术、管理、模式等的不断创新，促进"特色"核心驱动效用的进一步强化，从而有效提升产业链竞争力，实现西部县域特色农业产业升级及区域经济的可持续发展。

7.5 西部县域特色农业产业链构建目标及影响因素分析

7.5.1 西部县域特色农业产业链构建目标

产业链新模式构建的本质是对现有产业链模式的优化和升级。

傅国华（2012）指出，农产品产业链优化是以成本控制为核心，以总体绩效提升为目的，调整产业链主体间矛盾及利益冲突，实现产业链整体效用最优。基于此观点，本节认为，产业链的优化和升级最终应表现为产业链价值创造能力的提升和运行效率的改善，其中，运行效率的提升有赖于产业链上各主体间联结及协调机制的改善，因此，本节将价值增值目标及关系重塑目标作为西部县域特色农业产业链构建的主要目标。

7.5.1.1　价值增值目标

产业链形成的动因在于产业价值的实现和创造。特色农业产业链是以分工为基础，凭借产业链主体间协同效应和关联效应的发挥获得竞争优势，通过外部市场交易内部化获取成本优势，以尽可能实现产业价值最大化。因此，价值增值目标既是特色农业产业链优化的基本目标，也是推动产业链优化方案付诸实施的动力所在。2020 年，中央"一号文件"提出，以产业链进阶带动农产品价值发现，让农民分享更多的产业链增值收益。因此，农业特色产业链价值增值目标既强调产业链整体价值的提升，也重视产业链各环节经营主体收益水平的提升，特别是要注重小农户在产业链中主动权和议价权的提升，以确保其利益及收入水平得到显著提高。

7.5.1.2　关系重塑目标

关系是指产业链上各环节经营主体间的联结及协调机制。产业链上各主体间"关系"如何，对产业链稳定运行及效益效率提升起着非常重要的作用。资料显示，我国农业产业链失败率高达 50% 以上（张敬、李凤华、魏旭光，2019），究其原因，主要在于产业链上各参与主体权力地位不对等、信息不对称、利益分享不均衡，以及由此产生的机会主义和冲突使产业链运行成本叠加且效率低下，进而引发合作关系趋向解体或破裂。特别是小农户分散的经营方式低下，而认知及信息方面的约束，导致其农业契约不完整及履约障碍，更是从产业链源头抑制了产业链纵向一体化的整合和升级。西部地区经济社会发展水平落后，一般农业产业链中存在的"关系"问题在西部县域特色农业产业链构建和培育中往往被进一步放大，从而对产业竞争力的形成和提升产生消极影响。由此，重塑产业链主体间关系，以产业链主体间沟通协调效率的提升确保主体间契约合同的有效执行，进而保证产业链的稳定高效运行。这既是西部县域特色农业产业链优化的重要目标，更是实现产业链价值增值及竞争力提升的必要手段。

7.5.2 西部县域特色农业产业链构建的关键影响因素分析

产业链本质上是以分工协作为基础的功能网络组织（付豪、赵翠萍、程传兴，2019），而契约则是产业链主体间实现协作共赢的重要纽带（于辉、邓杰，2019）。基于此，笔者认为，西部县域特色农业产业链构建实质就是围绕特色农产品开展多主体间契约合作，而契约执行的情况和效率将决定着产业链能否稳定运行，以及产业链上主体能否实现预期协作共赢的目标。由此，本节从促进契约履行的视角，参考尚杰（2020）供应链稳定性运行的研究方法，建立特色农业产业链交易博弈模型，对特色农业产业链构建中的关键影响因素进行分析，以期明确西部特色农业产业链构建及优化的方向和着力点。

7.5.2.1　模型假设及参数设置

基于模型简化考虑，本节进行如下假设并设置参数。

（1）在特色农业产业链交易博弈模型中，我们首先对产业链系统进行简化，假设链条上只存在两个博弈主体，分别为上游农特产品供应主体 A 及下游核心企业 B。主体 A 与主体 B 在产业链上可能是农户与龙头企业、合作社与龙头企业、龙头企业与经销商等合作关系。

（2）主体 A 与主体 B 在产业链内部签订契约，以促成合作关系。为简化研究，假设主体间签订的契约为特色农产品交易契约，主体 A 向主体 B 提供初级农特产品，主体 B 对农特产品进行精深加工、分类包装并进行销售。主体 A 与主体 B 都面临履约与违约两种选择，特别是当有一方选择违约时，鉴于产业链内部各主体间信息沟通便利，违约方将由于信誉缺失而难以再与产业链上其余主体建立合作关系，最终只能从产业链中退出。

（3）相较于在产业链外部直接进行市场交易，产业链内部的交易合作可以为产业链上各主体节约一定的交易费用。由此，本节假设在特色农业产业链内部交易时，每单位特色农产品交易，主体 A 与主体 B 节约交易费用分别为 T_A、T_B，且 T_A、T_B 均大于 0。

（4）假定单位特色农产品市场交易价格为 P_m。当主体 A 与主体 B 签订契约进行链内交易，则按照契约规定链内交易量为 Q，单位产品交易价格为 P_i，如发生违约行为，每单位产品需赔偿违约金为

δ（$\delta > 0$）。其中，P_m 以幅度 X 围绕 P_i 上下浮动。

（5）排除资产专用性影响，主体 A 每单位特色农产品交易成本为 C；排除市场行情波动影响，主体 B 每单位特色农产品加工后可获纯利润为 N。

（6）主体 A 与主体 B 在特色农业产业链中的长期合作会为其带来长期合作收益，其中主体 A 每单位产品可获链内长期合作收益为 E_{iA}，主体 B 每单位产品可获链内长期合作收益 E_{iB}。此外，若主体 A 与主体 B 退出产业链而长期在市场进行交易也会获得市场长期收益，且每单位产品市场长期收益分别为 E_{mA} 和 E_{mB}。

（7）主体 A 与主体 B 均符合有限理性经济人假定。

7.5.2.2　模型的建立与求解

本节构建特色农业产业链双主体（主体 A 与主体 B）交易博弈模型，其中，O 表示履行特色农业产业链交易契约，D 表示违背特色农业产业链交易契约，由此可得双方得益矩阵，具体如表 7-2 所示。

表 7-2　　　　　　　特色农业产业链交易主体得益矩阵

主体 A	主体 B	
	履约（O）	违约（D）
履约（O）	$(P_i - C)Q + E_{iA}Q$， $(N + P_m - P_i)Q + E_{iB}Q$	$(P_m - C - T_A + \delta)Q + E_{iA}Q$， $(N - T_B - \delta)Q + E_{mB}Q$
违约（D）	$(P_m - C - T_A - \delta)Q + E_{mA}Q$， $(N - T_B + \delta)Q + E_{iB}Q$	$(P_m - C - T_A)Q + E_{mA}Q$， $(N - T_B)Q + E_{mB}Q$

设特色农业产业链效用函数为：

$$U(A, B) = A + B \qquad (7-1)$$

第一种情况：当特色农产品在产业链外进行市场交易的行情较好时，单位特色农产品市场交易价格要高于产业链内契约规定的交易价格，即 $P_m - P_i = X$，且 $X \geqslant 0$。

此种情况下，上游农特产品供应主体 A 一方面有意将农特产品进行链外市场交易，以获得更高价格；另一方面又担心违约后违约金及链内长期合作收益受损，因此会在"履约"和"违约"间摇摆；而下游核心企业 B 则会偏向于履行契约，因为履约不仅可以以较低价格持续稳定地获得初级特色农产品，还可以节约交易费用；其在链内持续交易获得的长期收益必然大于等于链外市场交易获得的长期收益，即：

$$E_{iB} \geqslant E_{mB} \qquad (7-2)$$

根据表 7-2 交易主体得益矩阵可得：

$$U_B(O_A, O_B) - U_B(O_A, D_B) = (X + T_B + \delta)Q + (E_{iB} - E_{mB})Q \geqslant 0 \qquad (7-3)$$

$$U_B(D_A, O_B) - U_B(D_A, D_B) = \delta Q + (E_{iB} - E_{mB})Q \geqslant 0 \qquad (7-4)$$

由式（7-2）、式（7-3）、式（7-4）综合可得：

$$U_B(Z_A, O_B) - U_B(Z_A, D_B) \geqslant 0 \qquad (7-5)$$

即无论主体 A 采用何种策略（履约或违约），主体 B 在链内按契约进行农特产品交易的效用都大于等于在链外进行市场交易的效用。由此，履行契约是主体 B 的占有策略。

进一步看，虽然上游农特产品供应主体 A 会在履约和违约间有所权衡，但考虑到产业链内部契约的履行可以保证产品实现长期稳定的销售，因此对主体 A 来说，其在链内持续交易获得的长期收益也将大于等于链外市场交易获得的长期收益，即：

$$E_{iA} \geqslant E_{mA} \qquad (7-6)$$

由此，当主体 B 选择占优策略时，根据表 7-2 可得：

$$U_A(D_A, O_B) - U_A(O_A, O_B) = (X - T_A - \delta)Q + (E_{mA} - E_{iA})Q$$
$$(7-7)$$

根据式（7-7），当 $X > T_A + \delta + E_{iA} - E_{mA}$ 时，得到 $U_A(D_A, O_B) - U_A(O_A, O_B) > 0$，此时违约是主体 A 的占优策略，(D_A, O_B) 为博弈均衡策略组合；当 $0 < X \leqslant T_A + \delta + E_{iA} - E_{mA}$ 时，得到 $U_A(D_A, O_B) - U_A(O_A, O_B) \leqslant 0$，此时履约是主体 A 的占优策略，(O_A, O_B) 为博弈均衡策略组合。

第二种情况：当特色农产品在产业链外进行市场交易的行情走低时，单位特色农产品产业链内契约规定的交易价格要高于其市场交易价格，即 $P_m - P_i = X$，且 $X < 0$。

此种情况下，下游核心企业 B 一方面从降低成本考虑，倾向于进行链外市场交易；另一方面也担心市场交易存在不确定性及违约惩罚，因此将会在"履约"和"违约"间权衡考虑；而上游供应主体 A 则会因为链内交易的价格优势及稳定性，偏向于履行契约。由此，根据表 7-2 及式（7-6）可得：

$$U_A(O_A, O_B) - U_A(D_A, O_B) = (-X + C + T_A + \delta)Q + (E_{iA} - E_{mA})Q \geqslant 0$$
$$(7-8)$$

$$U_A(O_A, D_B) - U_A(D_A, D_B) = \delta Q + (E_{iA} - E_{mA})Q \geqslant 0 \qquad (7-9)$$

由式（7-8）、式（7-9）综合可得：

$$U_A(O_A, Z_B) - U_A(D_A, Z_B) \geqslant 0 \qquad (7-10)$$

即当 $P_m - P_i = X$，且 $X < 0$ 时，无论主体 B 采用何种策略（履约或违约），主体 A 在链内按契约进行农特产品交易的效用都大于等于在链外进行市场交易的效用，由此，履行契约是主体 A 的占有策略。此时，根据表 7 - 2 可得：

$$U_B(D_B, O_A) - U_B(O_B, O_A) = (-X - T_B - \delta)Q + (E_{mB} - E_{iB})Q$$
$$(7-11)$$

根据式（7 - 11），当 $X < -T_B - \delta - (E_{iB} - E_{mB})$ 时，得到 $U_B(D_B, O_A) - U_B(O_B, O_A) > 0$，此时违约是主体 B 的占优策略，(O_A, D_B) 为博弈均衡策略组合；当 $-T_B - \delta - (E_{iB} - E_{mB}) \leqslant X < 0$ 时，得到 $U_B(D_B, O_A) - U_B(O_B, O_A) \leqslant 0$，此时履约是主体 B 的占优策略，(O_A, O_B) 为博弈均衡策略组合。

综上可得，当特色农产品价格波动幅度 $X \in (T_A + \delta + E_{iA} - E_{mA}, +\infty)$ 时，上游特色农产品供应主体 A 会发生违约行为；当特色农产品价格波动幅度 $X \in [-\infty, -T_B - \delta - (E_{iB} - E_{mB})]$ 时，下游核心企业 B 会发生违约行为。无论上游或下游哪一个环节发生违约行为，都会破坏契约执行，进而影响产业链稳定运行。因此，只有当特色农产品价格波动幅度 $X \in [-T_B - \delta - (E_{iB} - E_{mB}), T_A + \delta + E_{iA} - E_{mA}]$ 时，产业链上各主体才会遵照契约规定实现链内合作，产业链才能得以良好稳定地运行。

7.5.2.3　西部县域特色农业产业链构建的关键影响因素分析

由上可知，单位特色农产品市场交易价格 P_m 以幅度 X 围绕链内交易价格 P_i 上下浮动，其中 X 为随机变量。当 $X \in [-T_B - \delta - (E_{iB} - E_{mB}), T_A + \delta + E_{iA} - E_{mA}]$ 时，产业链上各主体达成合作，产业链稳定运行。

假定随机变量 X 服从正态分布 $N(\mu, 1)$，其分布函数为：

$$F(x) = \frac{1}{\sqrt{2\pi}}\int_{-\infty}^{x} e^{-\frac{(x-\mu)^2}{2}}\mathrm{d}x \qquad (7-12)$$

引入标准正态分布函数 $\Phi(x) \sim N(0, 1)$，则随机变量 X 落在区间 $[-T_B - \delta - (E_{iB} - E_{mB}), T_A + \delta + E_{iA} - E_{mA}]$ 内的概率 $P[-T_B - \delta - (E_{iB} - E_{mB}) < X < T_A + \delta + E_{iA} - E_{mA}]$ 为：

$$P = \Phi(T_A + \delta + E_{iA} - E_{mA} - \mu) - \Phi[-T_B - \delta - (E_{iB} - E_{mB}) - \mu] - 1$$
$$= \Phi(T_A + \delta + E_{iA} - E_{mA} - \mu) + \Phi[T_B + \delta + (E_{iB} - E_{mB}) + \mu] - 1$$

$$(7-13)$$

由式（7-13）可以看出，特色农业产业链内交易，可节约交易费用为 T_A、T_B，违约赔偿金 δ，链内合作长期收益比市场长期收益增值 $(E_{iA} - E_{mA})$、$(E_{iB} - E_{mB})$，以及数学期望 μ，这些因素都会对随机变量 X 落在区间 $[-T_B - \delta - (E_{iB} - E_{mB}), T_A + \delta + E_{iA} - E_{mA}]$ 内的概率 P 产生影响，进而影响特色农业产业链稳定运行。

由式（7-13）可得：

$$P = \frac{1}{\sqrt{2\pi}}\left(\int_{-\infty}^{T_A + \delta + E_{iA} - E_{mA} - \mu} e^{-\frac{t^2}{2}}\mathrm{d}t + \int_{-\infty}^{T_B + \delta + E_{iB} - E_{mB} + \mu} e^{-\frac{t^2}{2}}\mathrm{d}t\right) - 1$$

$$(7-14)$$

将式（7-14）分别对节约交易费用 T_A、T_B，违约赔偿金 δ，长期收益增值 $(E_{iA} - E_{mA})$、$(E_{iB} - E_{mB})$ 及数学期望 μ 求一阶偏导：

$$\frac{\partial p}{\partial T_A} = \frac{1}{\sqrt{2\pi}}e^{-\frac{(T_A + \delta + E_{iA} - E_{mA} - \mu)^2}{2}} > 0 \qquad (7-15)$$

$$\frac{\partial P}{\partial T_B} = \frac{1}{\sqrt{2\pi}}e^{-\frac{(T_B + \delta + E_{iB} - E_{mB} + \mu)^2}{2}} > 0 \qquad (7-16)$$

$$\frac{\partial p}{\partial \delta} = \frac{1}{\sqrt{2\pi}} [\, e^{-\frac{(T_A + \delta + E_{iA} - E_{mA} - \mu)^2}{2}} + e^{-\frac{(T_B + \delta + E_{iB} - E_{mB} + \mu)^2}{2}} \,] \quad (7-17)$$

$$\frac{\partial p}{\partial (E_{iA} - E_{mA})} = \frac{1}{\sqrt{2\pi}} e^{-\frac{(T_A + \delta + E_{iA} - E_{mA} - \mu)^2}{2}} > 0 \quad (7-18)$$

$$\frac{\partial p}{\partial (E_{iB} - E_{mB})} = \frac{1}{\sqrt{2\pi}} e^{-\frac{(T_B + \delta + E_{iB} - E_{mB} + \mu)^2}{2}} > 0 \quad (7-19)$$

$$\frac{\partial p}{\partial \mu} = \frac{1}{\sqrt{2\pi}} [\, -e^{-\frac{(T_A + \delta + E_{iA} - E_{mA} - \mu)^2}{2}} + e^{-\frac{(T_B + \delta + E_{iB} - E_{mB} + \mu)^2}{2}} \,] > 0 \quad (7-20)$$

由式（7-15）~式（7-20）可以看到，概率 P 是特色农业产业链链内交易节约交易费用 T_A、T_B，违约赔偿金 δ，链内合作长期收益比市场长期收益增值（$E_{iA} - E_{mA}$）、（$E_{iB} - E_{mB}$）以及数学期望 μ 的增函数。

进一步地，令 $\frac{\partial p}{\partial \mu} = 0$，则 $\mu = \dfrac{T_A - T_B + (E_{iA} - E_{mA}) + (E_{iB} - E_{mB})}{2}$，此时 $\frac{\partial^2 p}{\partial^2 \mu} < 0$，概率 P 取得最大值。

由此可知，当产业链上各主体达成合作的概率 P 取最大值时，$\mu \neq 0$。因此特色农产品交易的市场价格并不是其产业链内部交易最佳的契约价格。并且，从概率 P 值最大时的数学期望 μ 值可以看出，特色农产品在产业链内部进行交易的最佳契约价格应当是经过协调沟通后各方都认可的价格，而这一价格的确定需要特色农业产业链内部具有高效良好的协调沟通机制。

综上所述，特色农业产业链内交易为各主体节约交易费用越多，违约后的违约赔偿金越高，链内合作长期收益较之市场长期收益越好；产业链内各主体间协调沟通机制越完善，产业链上各主体间遵照契约规定实现链内合作的概率就越大，特色农业产业链稳定良好运行的可能性也越大。这也为本书构建和优化西部特色农业产业链，提升产业链竞争力，明确了方向和着力点。

7.6 西部县域特色农业产业链架构设计——基于区块链技术

7.6.1 区块链的概念及技术特点

区块链技术最早起源于比特币。2008 年 11 月，中本聪（Satoshi Nakamoto）在其论文《比特币：一种点对点现金支付系统》中阐释了一个去中心金融机构的电子现金交易系统框架理念，并首次提出了区块链这一概念。简单来讲，区块链本质上是一个基于时间戳、P2P、加密算法、哈希函数等技术形成的"块链式"结构数据库。"块"即一个个区块，它是最基本的存储单元，负责记录一定时间内各节点区块的全部交易信息。"链"即区块间的衔接及沟通方式，各区块基于哈希算法，以随机散列方式实现链接，每一区块都包含前一区块的哈希值，伴随信息交互增加，各区块相继续接，就形成了区块链（于丽娜、张国峰、贾敬敦等，2017），具体如图 7-9 所示。

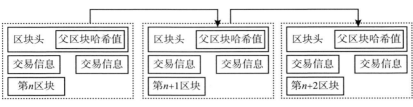

图 7 - 9　区块链

资料来源：笔者绘制。

　　从技术层面看，区块链涉及密码学、数学、计算机编程、互联网等多种理论及技术手段。从应用层面看，区块链可以实现全网交易信息的分布式共享，它由网络中所有区块节点共同拥有、集体维护，通过区块间去中心化、程序化的信息交互过程，实现交易信息全程留痕、不可篡改且可以追溯，为多主体间建立信任、进行交易协作提供了数字解决方案，是一种基于数字信任的全新数据架构。

　　区块链早期是为解决比特币的加密问题而开发的，其核心技术主要集中于信息的分布式存储。近年来，伴随新技术的开发及不断嵌入，区块链逐渐升级演化为一种基于智能合约技术的商业价值载体（付豪、赵翠萍、程传兴，2019）。纵观区块链的形成及演化过程，区块链的技术特点可归纳总结如下。

　　（1）去中心化。

　　传统数据架构一般通过中心节点的设置，解决价值转移过程中各节点间的信任缺失问题。而区块链技术作为一种全新的数据架构，其与传统数据架构最本质的区别就在于其去中心化的特点。区块链技术不依赖中心节点组织的管控，它通过数据的分布式记录及存储，实现各节点信息自主核验及节点间直接的信息交互共享。在去中心化的架构下，系统及数据维护责任由各节点共同承担，这样一方面可以保证任一单一节点出现问题都不会影响整个网络的稳定运行，另一方面也彻底避免了传统数据架构下中心节点单点崩溃的系统性风险。

（2）开放透明。

区块链技术具有开源特性，除对各节点私有信息进行加密设置外，其余信息都可通过公开数据接口实现共享。信息的分布式共享在保护各节点隐私的同时，更确保了各节点信息获取的一致性。同时，基于数据公开透明，各节点行为也得以规范，诚实节点无须任何权威机构信用背书也可获得基于数字机制的信任，而违约节点则会受到全网节点的共同抵制，这不仅降低了各节点的信用成本，也有效抑制了机会主义行为。

（3）共识机制。

共识机制保证区块链上各节点平等，并遵循少数服从多数的原则。各节点平等即在去中心化的网络中，只有经过全网所有节点认可和接受的区块才能嵌入网络，各节点均以被全网所有节点认可且最长的链为正确链，并在此基础上进行验证和延伸，不存在区别对待。少数服从多数，即各节点可通过计算能力等竞争参数的提升，获取网络中其他节点的支持，进而嵌入网络，但支持节点必须达到51%以上，这既保证了只有真实有效的交易才能计入公共账簿实现全网共享，也极大提升了造假成本。

（4）安全性。

区块链技术的安全性特点主要体现在数据的不可篡改性及数据的可追溯性。一方面，通过哈希算法及非对称加密技术的运用，任何单个节点除非同时掌握51%以上的节点数据，否则都无法随意篡改或删除区块链上已通过共识机制验证的信息，从而确保数据安全；另一方面，区块（数据信息）与链（验证信息）按时间先后相继接续，从而形成时间戳。时间戳实现了对网络中所有历史交易数据的记录和存储，可为每一笔交易数据提供查询和检索，通过历史数据可追溯，进一步保证数据不可伪造、不能篡改。

（5）隐私保护。

区块链技术下，各区块节点通过随机生成的钱包地址完成交易，但钱包地址与区块节点身份信息没有任何关联。通过这种方式，区块链既隐藏了用户身份、保护了用户隐私，又实现了交易明细及地址的全网分布式共享，即以匿名身份实现交易的透明及共享。此外，联盟链内通过设置准入证书（Certificate Authority，CA）以验证交易主体身份信息，在隐私保护的同时，也确保信息的完整性及不可抵赖性。

（6）智能合约。

智能合约作为区块链的核心技术之一，其本质是一种基于计算机协议的数字化合约。相较于普通合约，智能合约具有去中心化、低成本及高效率的特征。首先，智能合约的制定无须中心权威机构的参与，中间环节的减少有利于协议制定效率的提升；其次，智能合约由事先制定好的程序代码控制，自主验证，自动触发执行，如发生毁约等情况，程序也会强制执行，从而有效降低合约的执行成本及监督成本；最后，智能合约基于计算机技术，无须人为参与，合约执行具有很高的准确度及效率。

7.6.2　区块链技术在特色农业产业链竞争力提升中的作用途径

产业链新模式构建的本质是对现有产业链模式进行优化和升

级，进而实现产业链竞争力的提升。通过前面对特色农业产业链竞争力形成机制的分析可知，当前西部县域特色农业产业链竞争力的短板主要在于：产业链运行机制不畅、创新机制不足，以及由此导致的核心效用驱动不足。而将区块链技术引入西部特色农业产业链构建，以技术创新强化核心效用的驱动力，转变各种落后的机制体制问题，深挖比较优势，提升竞争优势，将对西部经济后发地区破解农业特色产业发展瓶颈，推动传统产业转型升级，提升产业竞争力，具有重要战略意义。

从西部特色农业产业链竞争力形成机制出发，区块链技术在产业链竞争力提升中的作用途径主要可从以下三方面进行阐释。

7.6.2.1　激活和深化产业链核心效用驱动力

特色农产品之"特"在于以高质量、差异化的产品对接消费者多样化、个性化的需求。当前，西部县域特色农业多以小农户分散经营为主，落后的生产方式使特色农产品生产成本高、标准化程度低，质量参差不齐且过程不能追溯，难以实现"特色"作为核心效用对产业链的驱动作用，而区块链技术在小农户生产计量监督、涉农信息追溯等方面发挥的作用则为破解这一问题提供了现实路径。

对小农户生产的计量及有效监督是农户分散经营条件下抑制机会主义和道德风险，规范小农户生产行为，提升农产品质量的关键所在。目前来看，西部县域特色农业产业在发展过程中，农业合作社、龙头企业等新型农业主体通过组织联结、订单生产、技术支持等方面的实践，在一定程度上实现了小农户与农业产业化经营的对接，但由于过程中的组织监督成本过高，特色农业生产依然面临严峻的规范化、标准化问题，特别是与小农户签订的契约始终存在较高的履约障碍。由此，如何建立有效的农业生产计量监督机制，以较低的成本实现小农户生产的规范化、标准化，进而保证农产品的质量及特色，是当前西部县域特色农业发展及产业链构建亟须破解的问题。区块链技术具有去中心化、开放透明、不可篡改的技术特点，将小农户生产信息录入区块链，可以减少产业链中间环节，实现涉农企业与分散小农户的直接联结。一方面，涉农企业通过区块链获取小农户生产信息，选择生产质量及信誉符合要求的小农户进行合作，从而有效降低其组织和监督小农户的交易成本；另一方面，小农户为争取合作机会，也会约束自身机会主义行为，积极改进并规范生产方式，提供符合产品质量要求的产品，从而实现由非标准化农户向标准化农户的转变，保证农产品质量和特色。

近年来，环境污染日趋严重，诚信缺失时有发生，食品安全问题已成为全社会关注的焦点，绿色有机与生态价值的理念也越来越受到消费者的青睐和认可。在这种环境背景下，对于西部县域特色农业发展来说，最关键的问题不是规模的提升，而是确实保证农产品质量并赢得消费者对产品的信任。农产品信息可追溯是一种能够实现农产品、农业生产者及消费者直接联结的去中间化农业信息模式，消费者通过农产品信息溯源，可以获取农产品从生产加工到流通销售全过程环节的相关信息，从而建立起对产品的信任。目前，我国农产品信息可追溯制度框架已基本成型，但县域（特别是西部县域）特色农产品信息溯源体系建设尚处于起步及探索时期，存在较为普遍的有平台无信息、信息失真，以及部分环节信息不可追溯等问题（卢仕仁，2020），难以满足消费者对特色农产品信息可追溯的要求，消费者信任更无从建立。将区块链技术引入西部县域特色农产品信息溯源体系建设，通过各环节涉农信息在区块链上的录入，分散无序的农产品生产经营信息沿产业链得以整合，并在产业链各环节经营主体及最终消费者间实现实时共享，这既有利于督促产业链各环节严格物质投入、规范作业，强化自身质量控制，也为消费者识别并锁定产品，建立产品信任提供了机制保障。进一步看，基于产品信息可追溯机制，特色农产品质量得以提升和保障，消费者信任机制逐渐建立和稳固，这也为特色农产品品牌建设夯实了基础。通过建立品牌，农产品的"特色"信息得以更充分的表达和传递，从而也将更好地实现"特色"作为核心效用对产业链的驱动。

7.6.2.2 优化产业链运行机制，强化产业链治理

前面已述及，竞争力形成的根本在于链条上各经营主体自身的竞争力，以及分工协作运行机制下各经营主体耦合网织形成的竞争合力，而这种竞争合力的持续获得有赖于产业链治理的进一步强化。长期以来，西部县域特色农业产业链上的农户、农民合作社、企业等主体由于认知约束和信息约束，存在一定的机会主义行为，这不仅导致农业契约的不完全性和较高的履约障碍，更使特色农业在纵向一体化整合过程中面临高昂的交易成本，阻碍了产业链良好稳定的运行，对产业链竞争合力的形成也产生了消极影响。由此，如何打破产业链上各环节主体的认知约束和信息约束，优化产业链运行机制，促进产业链竞争合力的形成，是当前西部特色农业产业链治理所面临的最根本问题。根据前面对西部县域特色农业产业链构建的关键影响因素分析可知，农业特色产业链是否能够稳定良好地运行

并实现竞争合力，主要取决于产业链内交易的交易费用及违约成本、链内合作长期收益及产业链内各主体间协调沟通机制等因素，而区块链技术特点及应用场景的实现，可以通过作用于这些因素使产业链运行机制得以优化（见表7-3）。

表7-3 区块链技术特点、应用场景对西部县域特色
农业产业链运行的作用途径

技术特点	应用场景	影响因素	作用途径
安全性	数据的不可篡改性及数据的可追溯性	产业链内各主体间协调沟通机制、链内交易费用	通过增加特色农业产业链数据信息修改的难度及成本，保证了产业链上数据信息的真实有效性，从而打破认知约束和信息约束，在提升产业链上各环节主体沟通效率的同时，有效降低链内交易费用
去中心化	数据分布式记录及存储，系统及数据维护责任由各节点共同承担	产业链内各主体间协调沟通机制、链内合作长期收益	产业链上各主体地位平等，信息共享，有利于产业链内部优化资源配置，实现利润共创共享，从而促进产业链各环节主体的协调协作
开放透明、共识机制	数据公开透明，违约节点受到全网节点的共同抵制，只有真实有效的交易才能计入公共账簿，实现全网共享，造假成本提升	违约成本、链内合作长期收益	提高了产业链上机会主义行为的暴露风险及伪装掩饰的成本，从而使产业链内部违约成本大幅提升，有利于提高契约执行率。真实有效且可追溯的产品信息有助于消费者建立产品信任，提升产业链收益
隐私保护	CA准入证书验证交易主体身份信息，在隐私保护的同时，确保信息的完整性及不可抵赖性	链内交易费用、主体间信任、主体间协调沟通机制、链内合作长期收益	只有经过CA验证的成员才能在产业链内进行交易，节省了一般市场交易中由于信任建立而花费的时间及资金成本。产业链内部成员信任合作机制的建立，在降低交易成本、提高交易效率的同时，也有利于产业链内长期收益的提升 成员信息的完整性及不可抵赖性保证了信息可追溯

续表

技术特点	应用场景	影响因素	作用途径
智能合约	合约内条款自主验证，自动触发执行	链内交易费用，履约障碍、产业链内各主体间协调沟通机制	为产业链上订单交易、信贷保险等契约的自动履行提供技术支持，降低各环节主体为促成合约执行的交易成本，破解履约障碍

资料来源：笔者整理。

7.6.2.3　提升产业链创新机制

进入 21 世纪，信息技术成为农业创新升级的核心驱动力量。当前，依托"互联网＋"、大数据等新兴技术，以智能化、数字化、集约化为特征的智慧农业已成为我国农业发展的新方向。区块链作为一种支持多主体协作的信息技术工具，不仅能够实现多主体信息互联、共识共享，更推动了多主体间价值互联网的形成。将区块链技术引入西部县域特色农业产业链构建，并非仅是在传统产业链的某一环节或节点嵌入信息技术（比如，仅在销售环节借助互联网技术实现产品销售），而是要实现基于区块链的特色产业链各环节整体性、系统性的有机融合，即依靠区块链的思维、技术和模式，构建一套崭新的农业经济组织模式，以技术创新推动组织创新、管理创新、模式创新，实现资源在产业链内部的优化调度及合理配置，促进产业链向智能化、数字化、可追溯、品牌化方向发展，从而优化和提升特色农业全产业链的能力及价值。

7.6.3　基于区块链的西部县域特色农业产业链架构设计

从类型来看，区块链一般存在公有链、私有链及联盟链三种类

型；从层级结构来看，区块链自下而上由数据层级、网络层级、共
识层级、激励层级、合约层级及应用层级六部分构成，且激励层级
只在公有链中才具备（黄毅、王一鸣，2018）。于丽娜（2017）的
研究结合了区块链类型及层级结构，她认为联盟链较适合农产品产
业链。本节结合西部县域特色农业产业链特征并参考相关学者的研
究成果，构建基于区块链的西部县域特色农业产业链架构，具体如
图7-10所示。该架构包括私有链及联盟链两种类型的区块链，具
体分为五个层级。

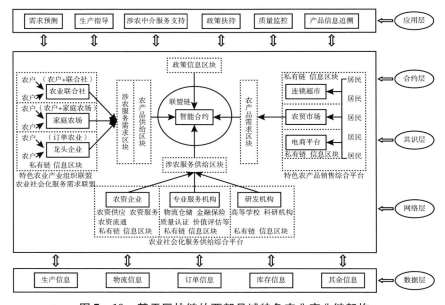

图7-10　基于区块链的西部县域特色农业产业链架构

资料来源：笔者绘制。

7.6.3.1 数据层级

在数据层级，特色农业产业链各环节主体利用传感器、二维码、无线射频等终端设备，通过区块链数据接口上传相关数据信息并存储至信息区块中，形成基于区块链的产业链数据库。该数据库可追溯、不可篡改、分布式存储且对全网公开，从而实现西部县域特色农业产业链的全过程数字化、信息化。区块链中分布存储的信息主要包括：特色农产品生产信息（生产资料、产地环境、种养殖过程、生产加工过程、产品质量审核等信息）、物流信息（物流企业、冷链物流、时间、地址等信息）、订单信息（订购数量、产品类别、金额、客户等信息）、库存信息（库房信息、产品类别、产品存量、库存成本、存储能力等信息），以及联盟成员需要的其他信息。

7.6.3.2 网络层级

在网络层，特色农业产业链各环节主体实现点对点（P2P）信息直接传输，进而形成强大的 P2P 信息传输网络系统，即联盟链，具体包括：①特色农产品生产主体与需求主体直接对接。在生产端，小农户与农业联合社、小农户与家庭农场、小农户与龙头企业分别以各自合作及利益联结方式构建私有链，并形成农业经营主体信息区块。同时，由农业联合社、家庭农场、龙头企业等新型农业经营主体为主导，构建特色农业产业组织联盟，从而形成特色农产品供给信息区块。特色农业产业组织联盟中，新产生的农业经营主体信息区块需要经过验证，达成区块共识信息一致，才能接入农产品供给信息区块，并实现生产经营信息高质量、高效率地向外传递；在需求端，各类型消费者对特色农产品多层次碎片化的消费意愿信息通过连锁超市、新型农贸市场、电商平台等进行汇总整合，构建特色农产品销售综合信息平台，从而形成特色农产品需求信息区块。特色农产品供给信息区块与特色农产品需求信息区块通过区块链协议进行信息交互，触发智能合约，从而实现特色农产品生产端与需求端的 P2P 高效对接。②涉农服务需求主体与涉农服务供给主体直接对接。在涉农服务需求端，以农业联合社、家庭农场、龙头企业等新型农业经营主体为主导，构建农业社会化服务需求联盟，整合农户涉农服务需求信息，从而形成涉农服务需求信息区块，对外统一发布农业社会化服务需求信息；在涉农服务供给端，以农资企业、专业中介服务机构、研发机构等为主导，构建农业社会化服务供给综合平台，整合包括农资供应流通、农业金融保险服务、农业技术指导、产品质量认证、农产品物流仓储、生产要素研发、种养殖技术研发及产品创新等涉农服务信息，从而形成涉农服务供给信息区块。涉农服务需求信息区块与涉农服务供给信息区块通过区块链协议进行信息交互，触发智能合约，从而实现涉农服务需求主体与涉农服务供给主体的直接对接。③特色农产品需求主体与涉农服务供给主体直接对接。特色农产品需求主体可通过涉农服务供给信息区块直接获取特色农产品品质审核、过程追溯等信息，从而快速建立产品信任，提升产业链内交易效率；涉农服务供给主体可通过特色农产品需求信息区块对消费者需求信息进行整合分析，以便针对市场需求进行产品研发创新，构建多层次质量认证标准，通过农业社会化服务水平的提升，促进特色农产品供给端与需求端更好的对接。④特色农产品生产主体、特色农产品需求主体、涉农服务供给主体、涉农服务需求主体与政府直接对接。一方面，政府通过直接对接特色农产品供给信息区块、特色农产品需求信息区块、涉农服务需求信息区块、涉农服务供给信息区块可以掌握区域特色农业产业链各区块及整体运行秩序的第一手资料，便于政府及时制定或调整相关产业政策，更好地扶持欠发达县域特色农业产业发展；另一方面，产业链各主体与政府基于区块链对接，也为各经营主体向政府部门反映诉求提供了最快捷的通道。

在网络层，特色农业产业链上的私有链包括小农户与各类新型农业主体构建的私有链、消费者与各类销售终端组织构建的私有链，以及各涉农服务企事业单位与综合服务平台构建的私有链。通过私有链，产业链各环节主体内部实现数据的分布式存储及信息共享，在链内沟通效率提升的同时，也有助于各分散主体降低自身信息搜寻成本，更好地接入特色农业产业链。

7.6.3.3　共识层级

数据层级保证区块链上有数据，网络层级保证区块链上有网络，共识层级则为区块链上数据交互及网络运行提供规则保障。在特色农业产业链中，各区块基于哈希算法，以随机散列方式实现链接，每一区块都包含前一区块哈希值，信息交互增加并以时间为序，链条上任何经营主体要对数据信息进行增减或修改都必须获得链条上51%以上的节点支持，这在提升信息造假成本的同时，也确保了只有真实的信息及交易数据才能进入区块链公共账簿实现全网共享。

区块链共识层级为特色农业产业链上"少数服从多数""各主体地位平等""不存在区别对待"等规则的执行提供了技术支持，极大地降低了产业链上各主体由于信息不对称而产生的信任危机及机会主义行为。

7.6.3.4　合约层级

在区块链的联盟链中，各区块信息分布式存储、实时共享，通过基于计算机协议的数字化合约（智能合约）实现快速交易。本节基于区块链构建特色农业产业链，智能合约设计应覆盖以下方面：①特色农产品供给信息区块与特色农产品需求信息区块的智能合约；②涉农服务需求信息区块与涉农服务供给信息区块的智能合约；③特色农产品供给信息区块、特色农产品需求信息区块、涉农服务需求信息区块、涉农服务供给信息区块与政府信息区块的智能合约。部分合约具体内容如表7-4所示。

表7-4　　　　　西部县域特色农业产业链智能合约设计

智能合约主体	智能合约类型	智能合约内容
特色农产品供给主体与特色农产品需求主体	链内采购智能合约	将供需双方回购协议、利润分配协议及商业信用协议等链内采购合同条款嵌入区块链，系统定期自动进行链内采购并分配收益
	链内配送智能合约	产品配送过程中发生延迟到货、供货不足或供货质量问题时，自动执行配送违约处罚合约及退换货合约
	链内支付智能合约	产品到货并扫码确认入库后，自动执行支付合约，结清货款

续表

智能合约主体	智能合约类型	智能合约内容
涉农服务需求主体与涉农服务供给主体	仓储运输智能合约	在仓储过程中，实时监控仓库环境（湿度、温度等）、存货状态及进出库时间；在运输过程中，实时监控配送路线、时间及冷链物流设备状态，如不符合协议规定，自动触发违约处罚
	涉农融资智能合约	利用区块链上农业人才、土地确权、财政补贴等基础信息，建立分类信用标准，开发差异化信贷产品并形成智能合约，上游农户随时按需进行线上申请，符合条件即触发智能合约自动执行贷款程序。私有链上农户还可获得核心企业增信，进一步提升其信用层级
	涉农保险智能合约	种养殖保险及相关涉农保险智能合约，符合赔付条件，自动执行理赔程序
	农资供应智能合约	将种养殖户与农资供应商双方回购协议及商业信用协议等农资供应条款嵌入区块链，形成农资供应智能合约，系统自动执行交易
产业链各主体与政府	税收缴付智能合约	产业链各经营主体可通过税收缴付智能合约自动执行各类税费计算及缴付
	产品质检智能合约	产业链产品出现质量问题或发生消费者投诉，自动触发产品质检智能合约进行验证，如情况属实则实现自动处罚及赔付

资料来源：笔者整理。

7.6.3.5　应用层级

应用层级即区块链的各种应用场景及案例。本节基于区块链构建西部县域特色农业产业链，实质也是在区块链应用层级的一种思考。基于区块链数据层级、网络层级、共识层级，以及合约层级技术的实现及支持，特色农业产业链上各环节主体可以实时获得充足、真实且可追溯的数据，形成强大的 P2P 信息传输网络系统，建立基于数字的信任，通过智能合约自动触发并完成产业链内的各种交易，这些都是"区块链 + 西部县域特色农业产业链"的应用场景，基于以上应用场景的实现，特色农业产业链各环节经营主体都将实现更好、更规范的运行及合作，从而推动整个产业链的优化升级。同时，基于大数据及信息共识共享，政府能够及时、准确地获取产业发展的一手数据信息，从而更有针对性地制定产业发展规划及项目扶持计划，进而更好地实现以地方特色农业优势助推区域经济发展。

7.6.4　基于区块链构建西部县域特色农业产业链的问题及困难

综合前面分析可以看出，基于区块链技术构建和优化西部特色农业产业链既有必要的技术理论支撑，也有较强的现实需求。从目前来看，区块链技术在我国农业领域的推广和应用还处于探索和起步阶段，因此基于区块链技术构建特色农业产业链对于西部欠发达地区来说，既是大数据时代通过技术创新、组织创新、制度创新实现"弯道超车"的一次重要机遇，同时也存在着许多制约因素和亟须解决的问题，而这些问题从根源上来看，主要可归结为人力资源问题与物质资源问题两个方面。

7.6.4.1　人力资源问题——如何推动并实现小农户嵌入

小农户是特色农业产业链的重要参与主体，他们直接从事特色农产品的种养殖工作，对产业链的稳定运行起着重要的基础性作用。长期以来，西部县域囿于其薄弱的经济社会基础，人才流失严重、空心化、老龄化现象突出，小农户整体素质偏低。由于在技术、资金、信息等资源方面存在先天弱势，绝大多数西部县域的小农户既没有了解区块链技术的主观需求，也缺乏学习区块链技术的知识储备和能力，对区块链理解及接受程度有限，难以融入区块链运行，甚至还有很强的抵触情绪，从而在产业链源头上制约了区块链技术的引入和应用。小农户嵌入区块链的问题本质上是小农户与现代农业实现有效衔接的问题，这一问题的解决既需要小农户群体整体质量素质的提升，也需要外部环境及组织提供有力的保障和支持。因此，西部地区应进一步强化顶层设计，切实保障农村人才政策的稳定及可持续，既重视对农村现有人才的挖掘和培养，也强调外部人力资源的引进，通过农村人才队伍的夯实及壮大，实现小农户群体整体质量素质的提升，从而促进其对新科技、新理念的理解和接受；同时，各级政府、组织机构及各类新型农业经营主体应当多举措、多渠道推广普及区块链技术，通过专门技术培训指导、补贴安装信息采集终端设备、示范点建设政策资金扶持、链内产品集中采购，区块链成果展示等措施，让小农户在逐步的接触中切身体会到融入区块链的利益，从而打破各种顾虑，实现自主自愿的学习与嵌入。

7.6.4.2 物质资源问题——如何获得资金及软硬件配套设施保障

"弯道超车"超越行为的实施往往以大量的资本积累作为物质保障（何志星，2010），而对于西部欠发达地区来说，应用区块链技术构建特色农业产业链最大的制约因素就是资金及软硬件配套设施的严重不足。区块链技术的应用既需要专业的设施设备及完善的互联网、物联网设施，还需要配备既熟悉农业又懂区块链技术的专业人才队伍，其高昂的人力及物力成本是西部欠发达地区短期内难以企及的。由此，将区块链技术引入西部县域特色农业产业链构建不可能是一蹴而就的，需要一个长期积累和发展的过程，而在这个过程之中，政府作用的发挥对于区块链技术应用具有重要的推动作用。区块链技术投资大、风险高，单纯依靠产业链上核心组织（龙头企业）投资，难以满足投资规模需求，而金融机构面临高风险及不确定性，一般也不愿为此提供金融支持。因此，仅仅依靠市场机制实现这一愿景可能相对缓慢，并由此错过"弯道超车"的最佳时机。因而，政府直接投资及相关政策扶持对区块链技术应用于特色农业产业链构建至关重要。首先，政府直接投资能够部分化解新技术投资带来的巨大风险；其次，政府政策倾斜及扶持可以引导并带动各类金融机构及投资主体投资，从而实现各方面资源的集中；最后，政府参与及保障为产业链上各核心主体联动注入了动力和信心，有效激发各主体基于长远利益共同参与产业链建设。只有以政府为主导，金融机构及产业链各参与主体目标一致，协调联动才可能为区块链技术引进及西部特色农业产业链优化提供必要的资金及物质保障。

第 8 章

需求条件与西部县域农业
特色产业竞争力

在波特的钻石模型中，需求条件被认为是产业实现竞争优势的关键因素，原因是市场对某一产业产品或服务的需求升级会让产业感受到压力，进而促进产业在自我创新和改进中形成更先进的竞争优势。当前，我国经济进入以高质量发展为特征的"新常态"，相较于高速增长阶段主要以 GDP 指标为首要关切，高质量发展阶段更加注重结构的优化、系统的升级，以及经济发展能否满足人民日益增长的美好生活需要。伴随居民收入及消费水平的整体提升，人民对美好生活的定义已不仅仅是数量的充足和品类的丰富，而是开始追求品质的提升及个性化需求的满足。这一转变既为西部县域农业特色产业发展提供了前所未有的契机，也让其面临更为激烈的市场竞争，不仅要和普通农产品竞争，同品类特色农产品间也存在竞争。因此，西部县域特色农产品只有更好地对接消费者多样化、差异化的需求，才能赢得消费者更多的青睐，从而实现市场竞争力的显著提升。

一般来讲，消费者之所以有购买某种产品的意愿并最终做出消费决策，往往因为该产品能够满足消费者的某些需求偏好，使消费者获得更多的感知价值，这种需求偏好和感知价值其实一定程度上反映出消费者对产品的利益诉求，只有这些诉求得以满足，消费者对产品的满意度才会提升，才会做出消费决策。在买方市场环境下，消费者对农产品关切的重点以从单纯的数量和温饱功能转向质量及体验感受上，其深层次的需求偏好和个性化的生活追求越来越深刻影响其对产品的感知价值，进而左右其消费意愿和行为倾向。因而，根据消费者在特色农产品购买时不同的需求偏好和感知价值对特色农产品消费群体进行市场细分，对西部特色农业产业把握消费市场发展趋势，有针对性地进行产品创新及营销策划，从而对形成更先进的市场竞争优势具有重要现实意义。基于此，本章内容主要分为三个部分：第一部分，对西部县域特色农产品消费者的多样化需求偏好进行分析，并构建五维度消费者感知价值模型；第二部分，基于西部县域特色农产品消费者感知价值模型研究和验证消费者感知价值对其购买意向的影响；第三部分，基于需求偏好和消费者感知价值对西部县域特色农产品消费群体进行市场细分，为西部县域农业特色产业面向不同细分市场制定差异化产品及营销策略提供参考。

8.1 西部县域特色农产品消费者感知价值分析及模型构建

8.1.1 消费者感知价值

感知价值的概念最早由科特勒（Kotler，1969）提出，他认为企业产品或服务价值的大小应当取决于消费者的感知而非企业自身的生产创造。此后，感知价值研究受到了学者们广泛的关注。蔡特哈姆尔（Zeithaml，1988）基于消费者购买意愿和行为视角，提出感知价值是消费者在进行消费时，对意向产品或服务主观感知利得与利失的权衡及总体评价。伍德拉夫（Woodruff，1997）认为感知价值反映消费者对产品性能及可能使用效果的主观评价与偏好，具有动态性特征，会随着产品和情境的不同而有所差异，而该观点也在中国情境下得到了证实（白长虹，2001）。武永红（2005）认为感知价值是具有特定意图或需求的消费者对企业产品价值的主观感受，而这种主观感受即感知价值的大小，本质上决定着企业的市场竞争力。在对感知价值概念进行阐释的基础上，学者们进一步展开了对感知价值内容及构成维度的深入探讨。谢斯（Sheth，1991）提出消费价值观点，并基于整体价值视角将消费者感知价值划分为情感、社会、功能、认知及情境五个维度的价值。斯威尼（Sweeney，2001）考虑到认知及情境价值对产品体验感和情境化具有较高要求，提出感知价值一般应包含情感、社会、质量及价格四个维度的价值。以上观点也得到了国内学者的继承和进一步发展。白长虹（2001）实证研究发现消费者感知价值会因产品或服务的类别不同而有所差异。范秀成（2003）基于中国情境将斯威尼（2001）提出的质量及价格价值合并为功能价值，从而构建出情感、社会、功能三位一体消费者感知价值体系。以此为基础，杨晓燕（2006）从绿色产品特征出发，创新性地将绿色价值作为感知价值体系的新维度，张国政（2017）基于认证农产品特征，将安全价值引入感知价值体系。

8.1.2　西部县域特色农产品消费者感知价值分析及模型构建

　　由于根植于特定地域或者拥有独特的生产与种养殖技术，西部县域特色农产品在产品品质、功能价值上往往表现出更高的水平，然而，由于产品信息的不完全性，消费者一般难以从产品外观直接辨别其质量情况，只有在购买食用后才能获得其口感等方面的品质信息，而营养、药用等功能更是需要在长期的消费中逐渐感受，这就使西部县域特色农产品成为典型的具有"经验型"和"信任型"属性的商品，由此，消费者在进行该类产品消费时，感知价值将对其消费意愿及行为决策生产更具决定性的影响。崔登峰（2018）在构建特色农产品感知价值体系时，在情感、社会、功能价值基础上，特别强调区域特征给消费者带来的感知价值，原因在于消费者不仅从产品本身获得感知价值，产品原产地也会强化消费者感知价值并进一步影响其对产品的价值判断（Eom，1994）。刘议蔚（2021）考虑到特色农产品生态环保的属性特征，提出应该在情感、社会、功能、区域价值的基础上引入绿色价值，以全面阐释特色农产品消费者感知价值。本节认为，以上研究成果为特色农产品消费者感知价值研究奠定了重要基础，但是当特色农产品原产地被限定为西部县域这一特定地域范围时，除了区域价值，绿色安全价值之外，消费责任价值可能也会成为影响消费者购买意愿和行为的前置变量。因此，本节在借鉴相关学者研究成果的基础上，创新性地将消费责任价值引入西部县域特色农产品消费者感知价值体系，构建包括功能价值、情感价值、社会价值、区域价值，以及消费者责任价值五维度消费者感知价值模型（见图 8 - 1）。其中，功能价值、情感价值及社会价值是消费者对一般特色农产品的感知价值，属于较为低阶的感知价值，其大小决定着特色农产品在与普通农产品竞争时是否具有竞争力；而区域价值及责任价值强调对特色农产品原产地的感知价值，属于较为高阶的感知价值，这一层面感知价值的大小决定着特色农产品之间的竞争，而西部县域特色农产品的差异性和竞争力也最终由此得以体现。

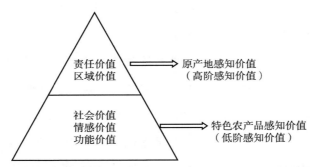

图 8 - 1　西部县域特色农产品五维度消费者感知价值模型

资料来源：笔者绘制。

8.2 西部县域特色农产品消费者感知价值对其购买意向影响的实证研究

8.2.1　消费者感知价值与购买意向的关系假设

购买意向（purchasing intention）即消费者商品购买的倾向性

（林崇德、杨治良、黄希庭，2003），主要包括溢价购买意向、重复购买意向及扩散推荐意向等（Peter，Olson & Grunert，1999），是判断消费者未来可能购买行为的最直接指示信号（Fishbein & Ajzen，1977）。而感知价值作为消费者对产品的主观评价和偏好，是影响消费者购买意向进而影响购买行为的关键性驱动因素（Cronin，Brady & Hult，2000）。现有特色农产品消费者感知价值与购买行为的研究中，崔登峰（2018）指出，社会价值和功能价值对消费者特色农产品购买行为影响最显著，区域价值和情感价值次之；而刘议蔚（2021）的研究指出，消费者特色农产品购买行为依次受到情感价值、社会价值、区域价值和绿色价值的直接影响，而功能价值的影响并不显著。由此可见，"消费者感知价值对特色农产品购买行为具有显著影响"这一观点已经获得学者们的普遍认同，但对于特色农产品消费者感知价值包括哪些维度，以及各维度对消费者行为的影响程度问题还存在一定分歧。由此，基于上述文献分析及西部县域特色农产品特征，本节提出五维度消费者感知价值对其购买意向影响的研究假设。

功能价值是消费者对特色农产品在品质、性能上的感知价值，具体包括消费者对特色农产品在营养保健、绿色安全、药用养生等方面的感受和效用。以肉羊类农产品为例，在中华人民共和国成立后经济基础相对薄弱的一二十年里，人们对肉羊产品的功能需求偏重脂肪、热量、蛋白质等方面，而随着人们生活水平的逐步提高，低胆固醇、低脂肪含量，富含氨基酸种类及比例等肉羊产品的保健营养功能逐渐为消费者所重视。由此，相比较一般肉羊类产品，消费者会更倾向于购买具有这些品质和功能的特色肉羊类农产品。而且，当消费者通过亲身体验确认特色农产品确实具有较好的食用、药用等功能时，还可能激发其重复购买、溢价购买，以及扩散推荐等行为的意向。由此，提出假设 H8 – 1。

H8 – 1：消费者对西部县域特色农产品功能价值层面的感知会对消费者购买意向产生正向影响，即消费者感知到西部县域特色农产品在营养保健、绿色安全、药用养生等方面的功能价值越高，越激发其购买意向及购买行为。

情感价值是消费者由特色农产品感知到的积极情绪状态和情感效用。伴随居民消费水平的提高及消费需求的日趋多元化和个性化，现代社会进入了一个重视"情感价值"和"情绪价值"的时代，即感性消费时代。在感性消费时代，消费者购买产品不仅仅是满足个人物质层面的需要，更强调心情的愉悦、舒适等情感方面的满足，由此，情感方面的因素及满足程度对消费者购买意向及行为会产生重要影响（Cheverton，2005）。当消费者对某种产品产生积极的情感，往往会再次或重复性消费（Taylor & Neslin，2005），并且愿意为其支付较高的价格（哈维尔·桑切斯·拉米拉斯，2018）以及向周围扩散推荐（崔登峰、黎淑美，2018）。相较于一般农产品，特色农产品具有更好的品质，更容易让消费者产生放心、信赖、愉悦、满意等积极的情绪及情感。由此，提出假设 H8 – 2。

H8 – 2：消费者对西部县域特色农产品情感价值层面的感知会对消费者购买意向产生正向影响，即消费者感知到西部县域特色农产品传递的积极情绪及情感越多，越激发其购买意向及购买行为。

社会价值是消费者由特色农产品感知到的阶层、地位、社会认同等方面的价值，以及基于此建立的友谊及良好的社会关系（Holbrook，2006）。根据社会阶层理论，消费者总会归于某一特定社会阶层，而社会阶层将对消费者意向和行为产生直接影响。首先，处于相同社会阶层的消费者因为社会地位、价值观、兴趣偏好相近似，其消费意向和行为也往往趋于一致；其次，由于社会阶层具有层级性，消费者更倾向于购买被同阶层或更高阶层成员认可和消费的产品，而较少购买低阶层成员消费的产品；最后，阶层展示具有炫耀性，一般来说，处于较高社会阶层的人，往往会通过各种方式（比如，消费更贵的产品）来展示其社会地位、经济实力，以及生活品位等，从而获得其他社会成员的赞赏和认可。因此，相较于一般农产品，购买和消费特色农产品更能体现消费者对品质生活的追求，而这种对品质生活的追求，实质上也是消费者对自身社会地位、经济实力、价值偏好等社会阶层属性的一种展示。由此，提出假设 H8 – 3。

H8 – 3：消费者对西部县域特色农产品社会价值层面的感知会对消费者购买意向产生正向影响，即消费者由特色农产品中感受到的阶层、地位、社会认同等方面的社会价值越高，越激发其购买意向及购买行为。

区域价值是指消费者由特色农产品区域性优势中感知到的效用。区域是一个由各种要素组合而成的地域综合体。对于消费者而言，区域是有价值的，区域的价值就在于区域的地理位置、气候水土、历史文化、民俗传承等要素对于特定消费者的效用和意义，而这种效用和意义也会进一步影响消费者对区域产品价值的评估和判断。一方水土养一方名品，特色农产品一般都具有鲜明的区域特征。西部地区县域地缘偏远，工业经济发展落后，但自然生态环境相对较好，这种独特稀缺的自然环境禀赋为特色农产品提供了不可替代的品质保证，有助于满足消费者对于特色农产品天然有机、绿色无污染、散发乡土气息的"地脉诉求"。同时，由于信息交流相对闭塞，西部地区许多县域人文历史及民俗传承得到了较好的保护，这些带有一定神秘色彩的历史人文资源，可以激发消费者对从未体验过的风土人情的好奇心，有助于满足消费者对特色农产品传承性的"文脉诉求"（仝海芳、李艳军、黄庆节，2020）。由此，西部县域特色农产品"地脉"与"文脉"信息的传递可以使消费者感知到更多的区域价值，从而强化其对西部县域特色农产品的购买意向。由此，提出假设 H8 – 4。

H8 – 4：消费者对西部县域特色农产品区域价值层面的感知会对消费者购买意向产生正向影响，即消费者感知到特色农产品"地脉"与"文脉"的区域价值越高，越激发其购买意向及购买行为。

社会责任价值是消费者由特色农产品感知到的社会责任履行对个人的意义和效用。韦伯斯特（Webster，1975）最早基于社会责任观视角研究个人消费，并将通过个人消费为社会带来有益改变的消费者定义为责任消费者。责任消费是一种具有显著"利他"价值取向的消费观念和行为（易开刚、黄慧丹，2020），基于社会责任的消费决策更关注个人消费对生态环境、社会公平等的影响，并最终通过购买行为表达这种价值诉求（代文彬、慕静、周欢，2019）。伴随我国居民收入及消费水平的整体提升，责任消费作为一种全新的消费理念开始得到消费者认同，并逐渐发展成为一种匹配人民美好生活诉求的新消费形式（付文飙、李文华，2019）。邓新明（2011）针对中国情境的研究显示，消费者社会责任信念及认知努力显著影响其购买意向，并通过购买行为为社会和产业发展带来积极变化。党的十八大以来，扶贫助农、乡村振兴的理念深入人心，而扶贫式消费作为一种具有大局观的消费理念和行为，也获得了广泛的社会认同和参与。基于扶贫责任和意识的消费一方面表达了普通消费者对贫困地区农户的爱心，另一方面也让消费者在帮助他人的同时感受到了"送人玫瑰，手留余香"的精神满足。长期以来，西部地区县域贫苦落后的形象深入人心，极大地激发着公众的社会责任感，西部地区扶贫产品的消费已经逐渐成为一种流行的消费和高尚的消费。由此，提出假设 H8 - 5。

H8 - 5：消费者对西部县域特色农产品社会责任价值层面的感知会对消费者购买意向产生正向影响，即消费者感知到特色农产品扶贫助农的社会责任价值越高，越激发其购买意向及购买行为。

8.2.2　量表开发、数据来源及实证检验方法

8.2.2.1　量表开发

本节主要从功能价值（营养保健、绿色安全、药用养生）、情感价值（信赖、愉悦等积极的情绪及情感）、社会价值（阶层、地位、社会认同及交往）、区域价值（区域性优势）及社会责任价值（社会责任履行对个人的意义和效用）五个维度考察消费者对西部县域特色农产品的价值感知及购买意向。其中，考虑到西部县域特色农产品的营销半径和推广程度可能对不同地区消费者的价值感知存在影响，本团队首先在甘肃省兰州市（西部区域范围之内）及上

海市（西部区域范围之外）随机选择一定数量的消费者进行预调研，并邀请兰州大学、西北师范大学、兰州文理学院相关领域专家结合预调研结果，对量表题项进行调整和完善，以保证最终正式量表的科学性、完整性及代表性。量表设计过程中，功能、情感、社会及区域四个价值维度的量表题项主要参考并借鉴刘议蔚（2021）、崔登峰（2018）等学者的研究成果，社会责任价值维度的量表题项主要参考邓新明（2011）等的研究成果以及中国农业大学助农特色农产品消费者特征调查问卷的相关内容。消费者购买意向量表题项主要参考阿杰恩（Ajzen，1977）、刘议蔚（2021）等学者的研究成果，并在此基础上结合特色农业发展趋势和创新方向，增加了对消费者体验农事活动及参加互联网众筹行为意向的考察。本研究以甘肃省各县域特色农产品作为西部县域特色农产品典型代表，涉及量表题项全部采用李克特五分量表法（5 – point Likert scale）进行测度。

8.2.2.2 数据来源

本研究运用非随机系统分层抽样方法，通过网络发放调研问卷并实现数据采集。为保证样本具有代表性，调研组分别从全国东、中、西部省份选取北京市、上海市、广州市、长春市、郑州市、长沙、西安市、兰州市、西宁市9个省会中心城市（其中，东部地区省会中心城市包括北京市、上海市、广州市；中部地区省会中心城市包括长春市、郑州市、长沙市；西部地区省会中心城市包括西安市、兰州市、西宁市），以滚雪球便利抽样方式在目标省会中心城市各发放100份问卷，共计900份问卷，回收问卷864份，剔除作答不完整或作答存在明显逻辑性错误的无效问卷，最终获得符合要求的有效问卷 686 份，问卷回收的有效率为 79.39%。

从调研样本总体特征来看，受访对象以女性居多，占样本总数的 53.94%，这与我国家庭中女性的传统角色分配相符合；受访对象中 40 岁及以上年龄段人数居多，占样本总数的 46.94%，与 2021年《中国统计年鉴》发布的 40 岁以上人口占总人口数的 49.21% 的数据基本相一致；受访对象文化程度普遍较高，本科占比 47.81%，研究生及以上占比 37.90%，这与特色农产品消费群体主要集中于高学历群体的现实较为契合；受访者个人月收入/生活费分布较为均衡，4000 元及以下占比 32.66%，4001～8000 元占比 39.07%，8000 元以上占比 28.28%，可以较为全面地反映不同收入水平群体对特色农产品的消费意向及行为。调研样本特征指标描述性统计如表 8－1 所示。

表 8－1　　　　　　　　调研样本特征指标描述性统计

指标		频数（人）	百分比（%）
性别	男	316	46.06
	女	370	53.94
年龄	30 岁以下	178	25.95
	30～40 岁	186	27.11
	41～50 岁	254	37.03
	51～60 岁	64	9.33
	60 岁以上	4	0.58
政治面貌	党员	346	50.44
	非党员	340	49.56

续表

指标		频数（人）	百分比（%）
文化程度	初中及以下	14	2.04
	高中或中专	20	2.92
	大专	64	9.33
	本科	328	47.81
	研究生及以上	260	37.90
个人月收入/生活费	4000元及以下	224	32.66
	4001~8000元	268	39.07
	8000元以上	194	28.28

资料来源：笔者整理。

8.2.2.3 实证检验方法——结构方程模型（SEM）

消费者对西部县域特色农产品的感知价值及购买意向都属于无法直接测量或观察的假设性构念（hypothetical construct），为有效反映不同消费者在这些假设性构念上的实际情况及强度，本节采用结构方程模型（SEM）进行测量研究和验证性分析。SEM模型最重要的功能就是能够对抽象的假设性构念进行估计和验证，具体包括测量模型（measurement model）和结构模型（structure model）两部分，其中，测量模型即所谓的验证性因素分析（confirmatory factor analysis），用以检验实际测量变量与潜在变量间的相互关系；结构模型则是说明潜在变量间因果关系的模型。SEM模型具体可由一般线性方程描述：

$$Y = \Lambda_Y \eta + \varepsilon \qquad (8-1)$$

$$X = \Lambda_X \xi + \delta \qquad (8-2)$$

$$\eta = B\eta + \Gamma\xi + \zeta \qquad (8-3)$$

方程（8-1）、方程（8-2）反映测量模型，其中，方程（8-1）中 η 为内衍潜在变量（endogenous latent variables），Y 为内衍潜在变量的观察变量，Λ_Y 为 Y 的因素负荷量，即内衍观察变量（Y）被内衍潜在变量（η）解释的回归矩阵，ε 为测量残差；方程（2）中 ξ 为外衍潜在变量（exogenous latent variables），X 为外衍潜在变量的观察变量。Λ_X 为 X 的因素负荷量，即外衍观察变量（X）被外衍潜在变量（ξ）解释的回归矩阵，δ 为测量残差。方程（8-3）反映结构模型，式中 η 为内衍潜在变量，ξ 为外衍潜在变量，B 为内衍潜在变量（η）被内衍潜在变量（η）解释的回归矩阵，Γ 为内衍潜在变量（η）被外衍潜在变量（ξ）解释的回归矩阵，ζ 为内衍潜在变量无法被解释完全的估计误差。

本节所涉潜在变量、观察变量及各变量描述性统计结果如表8-2所示。

表8-2　　　　　潜在变量、观察变量及各变量描述性统计

潜在变量	观察变量	平均值	标准差
功能价值（Functional Value，FV）	甘肃特色农产品具有更好的口感（FV1）	3.63	0.852
	甘肃特色农产品绿色天然、无污染，具有较高品质（FV2）	3.65	0.795
	甘肃特色农产品具有较高营养及药用价值（FV3）	3.64	0.826
情感价值（Emotional Value，EV）	我偏爱对自己健康有益的产品（EV1）	4.01	0.926
	甘肃特色农产品符合我对健康饮食的偏好，我愿意食用（EV2）	3.64	0.856
	甘肃特色农产品是我比较喜欢的产品（EV3）	3.59	0.938
	甘肃特色农产品给人绿色安全的感觉（EV4）	3.64	0.867

续表

潜在变量	观察变量	平均值	标准差
社会价值 （Social Value，SV）	购买甘肃特色农产品能够显示您的身份、地位（SV1）	2.74	1.082
	购买甘肃特色农产品能够彰显您的生活品位（SV2）	2.85	1.048
	以甘肃特色农产品作为社交礼品，能够拿得出手（SV3）	3.30	0.976
	购买甘肃特色农产品让您获得他人赞许（SV4）	3.01	1.009
区域价值 （Location Value，LV）	我对甘肃特色农产品产地的水土、气候、地理区域感兴趣（LV1）	3.60	0.896
	我对甘肃特色农产品产地的人文历史、文化传承感兴趣（LV2）	3.61	0.942
	我认为产地独特的自然、人文条件是农产品特色形成的重要原因（LV3）	3.88	0.882
	独特稀缺的产地自然人文条件是吸引我购买甘肃特色农产品的主要动因（LV4）	3.48	0.930
责任价值 （Responsibility Value，RV）	如果超市或商铺开设甘肃助农特色农产品专区，我会认为这是商超履行社会责任，从而增加我对商超的好感（RV1）	3.39	0.990
	购买甘肃助农特色农产品让我有成就感和社会责任感（RV2）	3.24	1.001
	从助农扶贫出发，我愿意购买甘肃特色农产品并向身边的亲友推荐和宣传（RV3）	3.96	0.876
	我认为购买甘肃特色农产品能够真正帮助到贫困地区的农户（RV4）	3.69	0.927
购买意向 （Purchase Intention，PI）	您是否愿意购买甘肃特色农产品（PI1）	3.87	0.862
	如果甘肃特色农产品价格较高，您认为值得购买吗（PI2）	3.22	0.973
	您愿意选择甘肃特色农产品作为馈赠他人的礼物吗（PI3）	3.83	0.830
	您愿意建议亲友和您一起购买甘肃特色农产品吗（PI4）	3.74	0.884
	您愿意参与特色农产品采摘等农事体验活动吗（PI5）	3.90	0.933
	您愿意参与甘肃特色农产品互联网众筹吗（PI6）	3.44	1.058

资料来源：笔者整理。

根据以上研究假设及变量设置，构建结构方程理论模型如图 8 - 2 所示。

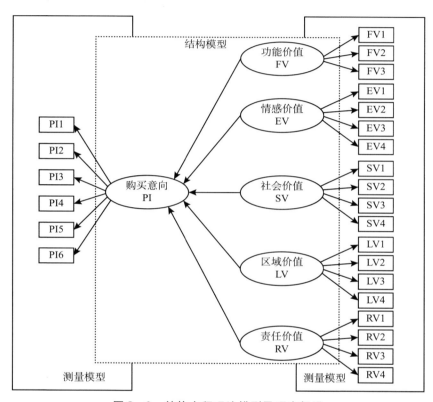

图 8 - 2　结构方程理论模型及研究假设

资料来源：笔者绘制。

8.2.3　实证检验及结果分析

8.2.3.1　信度及效度检验

调研问卷的质量即测量能力，关系到最终研究结果的客观性和科学性。为检验本节构建的五维度感知价值模型的可行性及调研问卷的测量能力（可靠性及有效性），采用 SPSS 22.0 和 AMOS 22.0 对问卷数据进行信度及效度检验，具体结果如表8-3所示。

表8-3　　　　　　　　　　　问卷信度及效度检验结果

潜在变量	观察变量	因素载荷	Cronbach's α 系数	组合信度 CR	平均方差 提取量 AVE	累计解释 方差
功能价值 （FV）	FV1	0.812	0.901	0.797	0.568	42.867
	FV2	0.764				
	FV3	0.679				
情感价值 （EV）	EV1	0.910	0.796	0.857	0.602	21.592
	EV2	0.728				
	EV3	0.722				
	EV4	0.727				
社会价值 （SV）	SV1	0.845	0.919	0.879	0.647	69.633
	SV2	0.864				
	SV3	0.702				
	SV4	0.797				
区域价值 （LV）	LV1	0.826	0.877	0.859	0.605	57.881
	LV2	0.828				
	LV3	0.773				
	LV4	0.673				
责任价值 （RV）	RV1	0.710	0.830	0.805	0.508	76.316
	RV2	0.745				
	RV3	0.704				
	RV4	0.691				
Bartlett's Test	Chi^2	4860.986				
	Sig.	0.000				

续表

潜在变量	观察变量	因素载荷	Cronbach'α 系数	组合信度 CR	平均方差 提取量 AVE	累计解释 方差
KMO 检验		0.926				
购买意向 （PI）	PI1	0.788	0.878	0.912	0.633	
	PI2	0.723				
	PI3	0.876				
	PI4	0.885				
	PI5	0.760				
	PI6	0.727				

资料来源：笔者整理。

　　信度检验即可靠性检验，是对问卷测量结果的稳定性和一致性进行检验。根据表 8 - 3，西部县域特色农产品顾客感知价值的五维度模型中，功能价值、情感价值、社会价值、区域价值及责任价值的 Cronbach'α 系数分别为 0.901、0.796、0.919、0.877 及 0.830，组合信度（CR）分别为 0.797、0.857、0.879、0.859、0.805；购买意向的 Cronbach'α 系数为 0.878，组合信度（CR）为 0.912；Cronbach'α 系数介于 0.796 ~ 0.919 之间，组合信度（CR）介于 0.797 ~ 0.912 之间，均高于 0.7 的信度系数标准，说明问卷调研题项具有较好的一致性，达到了足够的信度。

　　效度检验即测量准确度检验，是对问卷测量结果的真实准确程度进行检验。根据表 8 - 3，对顾客感知价值五个维度 19 个题项数据进行因子分析，Bartlett's Test 对应的概率 p 值为 0.000，检验结果显著；KMO 检验值为 0.926，高于 Kaiser 给定的 0.6 的 KMO 度量标准；各因素载荷介于 0.673 ~ 0.910 之间，均在 0.6 以上，说明问卷感知价值题项具有较好的结构效度。同时，由于五个感知价值因子累计方差贡献率为 76.316%，总体上丢失原有变量信息较少，说明本节构建的五维度感知价值模型是可行的。另外，各潜在变量的 AVE 值介于 0.508 ~ 0.647 之间，均大于 0.5，说明问卷测量题项整体具有较好的聚合效度。根据表 8 - 4，各潜在变量间相关性显著，且相关系数均小于 0.5①，同时，各潜在变量间相关系数均小于各潜在变量的 AVE 平方根值（主对角线数值），说明问卷各潜在变量间既有一定的相关性，又存在较好的区分效度。由此，本问卷调研题项具有较理想的信度及效度，可支持进一步分析。

表 8 - 4　　　　　　　　　　　**潜在变量区分效度分析**

潜在变量	功能价值（FV）	情感价值（EV）	社会价值（SV）	区域价值（LV）	责任价值（RV）	购买意向（PI）
功能价值（FV）	0.754					
情感价值（EV）	0.280 ***	0.775				
社会价值（SV）	0.440 ***	0.235 ***	0.804			
区域价值（LV）	0.412 ***	0.211 ***	0.421 ***	0.778		
责任价值（RV）	0.424 ***	0.236 ***	0.618 ***	0.427 ***	0.713	
购买意向（PI）	0.341 ***	0.197 ***	0.371 ***	0.320 ***	0.407 ***	0.796

注：*** 表示 $P < 0.001$。

资料来源：笔者整理。

8.2.3.2　整体模型适配度检验

整体模型适配度检验用以评价检验数据与假设结构模型的拟合

---

①　社会价值与责任价值相关系数为 0.618，超过 0.5 的标准，但依然小于社会价值 AVE 的平方根值。

或一致程度。本节对消费者感知价值与购买意向结构模型进行适配度检验，检验结果如表 8 - 5 所示。根据表 8 - 5，绝对适配统计量卡方自由度比（CMIN/DF）为 2.523，小于 3；渐进残差均方和平方根（RMSEA）值为 0.053，介于 0.05 ~ 0.08 之间；残差均方和平方根（RMR）值为 0.045，小于 0.05；适配度指数（GFI）值为 0.884，接近 0.9。比较适配指数（CFI）值为 0.951，增量适合度指数（IFI）值为 0.952，规范拟合指数（NFI）值为 0.930，Tucker - Lewis 指数（TLI）值为 0.946，均大于 0.9。以上指标统计结果说明，检验数据与假设结构模型拟合程度较好，可进一步开展路径分析。

表 8 - 5　　　　　　　整体模型适配度检验指标及结果

卡方/自由度（CMIN/DF）	渐进残差均方和平方根（RMSEA）	残差均方和平方根（RMR）	适配度指数（GFI）	比较适配指数（CFI）	增量适合度指数（IFI）	规范拟合指数（NFI）	Tucker - Lewis 指数（TLI）
2.523	0.053	0.045	0.884	0.951	0.952	0.930	0.946

资料来源：笔者整理。

8.2.3.3　研究假设检验

本节采用 AMOS 22.0 对图 8 - 2 构建的结构方程理论模型进行路径分析，具体检验结果见表 8 - 6。从表 8 - 6 可以看出，本节构建的消费者感知价值五个维度与消费者购买意向之间的标准化路径系数全部为正值，且分别在 0.001 和 0.01 的水平上显著，说明本节提出的 5 个假设均通过验证。

表 8 - 6　　　　　　　　　　模型路径检验及参数估计

假设路径	标准化路径系数	P	结论
H1：功能价值→消费者购买意向	0.248	***	通过验证
H2：情感价值→消费者购买意向	0.212	***	通过验证
H3：社会价值→消费者购买意向	0.164	***	通过验证
H4：区域价值→消费者购买意向	0.145	**	通过验证
H5：责任价值→消费者购买意向	0.151	**	通过验证

注：*** 表示 P < 0.001，** 表示 P < 0.01。
资料来源：笔者整理。

　　首先，消费者对西部县域特色农产品功能价值的感知对购买意向的影响最显著（0.248）。伴随我国居民收入及生活水平的普遍提高，居民健康意识大大增强，"花钱买健康"的消费观念逐渐深入人心并开始显著影响消费者购买行为，特别是新冠肺炎疫情的影响让消费者更加重视健康和个人体质的增强。而特色农产品在营养保健、绿色安全、药用养生等方面的功能恰好与消费者日益增强的健康饮食理念相契合，因而最能打动消费者，对消费者购买意向影响最显著。

　　其次，消费者对西部县域特色农产品的情感价值感知和社会价值感知对购买意向的影响显著，分别为 0.212 和 0.164，且情感价值感知的影响大于社会价值感知的影响。从情感价值感知来看，食品安全问题让消费者在甄选和购买农产品时会有一定的选择困难，而较快的生活节奏又让消费者难以为此付出较多的精力和时间成本，这就会导致消费者在农产品购买时产生一些焦虑和怀疑的情绪。如前所述，在感性消费时代，消费者心情的愉悦、舒适会对消费意向产生重要影响。特色农产品在品质上的保证可以缓解消费者选择困难的情绪，节约消费者的时间成本，从而让消费者感受到放心、轻松、愉悦等积极的情绪，进而有效激发购买意向。从社会价值感知来看，消费者购买特色农产品可以一定意义上展示自身社会地位和经济实力，从而获得他人的认可和赞许，也有助于维系友谊及良好的社会关系，因而也会激发消费者的购买意向。另外，情感价值感知完全体现消费者自己的情绪和认知，具有个性化特征；社会价值感知是消费者希望获得社会和阶层的认可，而这种认可往往取决于他人的情绪和认知，具有传统型和阶层一致性特征。从情感价值感知的影响大于社会价值感知的影响可以看出，比起他人对自己的看法，现代消费者更加重视自身的感受和情绪，这也在一定程度上解释了为什么我国农产品消费市场上个性化、差异化的需求趋势越来越显著。

最后，消费者对西部县域特色农产品的区域价值感知和责任价值感知在 0.01 的显著性水平上影响消费者购买意向，分别为 0.145 和 0.151。从区域价值感知的标准化路径系数来看，消费者对西部县域的感知对其购买意向的影响程度相对较弱，这可能是因为西部地区虽然拥有独特稀缺的自然环境资源和人文历史资源，但留给消费者（特别是经济发达地区消费者）的总体印象还是经济落后、自然环境恶劣，以及人口素质整体偏低，而这种对西部地区根深蒂固的传统印象必然对消费者区域价值感知有一定负面影响，进而阻碍了区域不可流动要素租值的提升。从社会责任价值感知来看，由于西部县域贫苦落后的形象深入人心，扶贫式消费获得了广泛的社会认同和参与。特别是在各级政府及各类公益组织的大力宣传和推广下，消费者的责任意识和大局观意识进一步得到强化，助农扶贫消费意向显著增强。

8.3 西部县域特色农产品消费群体市场细分及营销策略制定

8.3.1 基于消费者价值感知的市场细分

黑利（Haley，1968）最早提出消费者的需求偏好和价值感知是细分市场形成的真正原因，因此应该基于消费者价值偏好进行市场细分。在此基础上，艾哈迈德（Ahmad，2003）进一步指出根据消费者的需求偏好和价值感知进行市场细分，并对各细分市场消费群体的人口统计特征、生活方式、个性追求等特征进行比较分析，将有助于企业更好地了解和对接各细分市场消费者的需求。由前面分析可知，消费者对西部县域特色农产品的需求偏好和价值感知显著影响其购买意向，因此，根据消费者在特色农产品购买时不同的需求偏好和价值感知对特色农产品消费群体进行市场细分，对于西部县域特色农业产业把握消费市场发展趋势，有针对性地进行产品创新及营销策划，对形成更先进的市场竞争优势具有重要的现实意义。

本节采用 K – Means 聚类分析法对西部县域特色农产品消费群体进行市场细分。经过聚类数目测试及结果对比，最终选择聚类数目为 3，聚类结果如表 8-7 所示。单因素方差分析（ANOVA）结果表明，除责任价值 F 统计量观测值为 5.039、对应概率 P 值为 0.007 外，其余因子 F 统计量的概率 P 值均为 0.000 ，说明 3 个潜在细分市场在五个感知价值维度上差异显著，该市场细分结果可以接受。

表 8-7   基于消费者感知价值的市场细分（聚类分析结果）

感知价值维度	细分市场 1 个人利益型	细分市场 2 社会与责任型	细分市场 3 地理标识驱动型	F	Sig.
责任价值	- 0. 16923	0. 12251	- 0. 28695	5. 039	0. 007
区域价值	- 0. 76445	- 0. 03069	1. 16140	174. 679	0. 000
社会价值	- 0. 61017	0. 86800	- 0. 76760	245. 298	0. 000
情感价值	0. 13998	- 0. 14163	- 0. 06692	12. 828	0. 000
功能价值	0. 31785	- 0. 19238	- 0. 09339	9. 310	0. 000
样本数	228	300	158	—	—
百分比（%）	33. 24	43. 73	23. 03	—	—

资料来源：笔者整理。

基于以上聚类分析结果，结合消费者需求偏好及价值感知特征，本节对西部县域特色农产品三类细分市场分别命名并加以阐释。

细分市场 1：个人利益型子市场。个人身体健康与心情愉悦是该细分市场消费者的主要诉求和消费动机。该类市场对"功能价值"和"情感价值"维度的关注为正，且尤为关注"功能价值"维度，这体现出该类细分市场消费者在特色农产品购买时更加注重农产品的安全、保健、养生等核心品质功能，以及由此引发的消费者愉悦、舒适、放心的良好情绪，即该类市场消费者的消费动机主要是基于个人生理（健康）及心理（愉悦）方面的诉求和利益满足。与此同时，该类市场消费者在"责任价值""区域价值""社会价值"等维度的关注均为负，说明该类市场消费者并不在意产品消费时体现出的社会地位或高尚品德，也不看重产品的原产地及品牌效应，其主要诉求就是特色农产品良好的品质，以及由此带来的个人身心利益的满足。该细分市场消费者人数占总调研样本的 33.24%，说明特色农产品市场中有三成的消费者特别注重产品的功能品质，在消费时主要追求个人利益最大化，这也是消费者在农产品消费时最传统、最本真的诉求。

细分市场 2：社会与责任型子市场。社会认同与责任担当是该细分市场消费者的主要诉求和消费动机。该类市场对"社会价值"和"责任价值"维度的关注为正，且尤为关注"社会价值"维度，这首先体现该类细分市场消费者在特色农产品购买时更加关注个人社会地位、经济实力和生活品位的彰显；此外，由于该消费群体一般具有较高的学历和较好的经济基础，因此也对责任消费表现出一定的关注。责任消费体现个人正能量的价值观，在扶贫助困的同时，也可以使消费者获得社会认同和赞誉，实现精神和心理的满足，这是社会价值在更高层面的体现。总体来说，该类细分市场将特色农产品消费的关注点从物质功能层面提升到了精神需求层面，且该细分市场消费者人数占总调研样本的 43.73%，是消费群体规模最大的细分市场。

细分市场 3：地理标识驱动型子市场。地理标识及由此体现的区域价值是该细分市场消费者的主要诉求和消费动机。该类市场对"区域价值"维度关注为正，且关注度较高。这体现出该类细分市场消费者在特色农产品购买时比较关注产品的地理标识，以及蕴含其中的区域特有的自然及人文资源价值，一方面可能是基于消费者"一方水土养一方名品"的理念，另一方面也可能是消费者"乡愁"的体现和抒发。该细分市场消费者人数占总调研样本的 23.03%，这也印证了西部县域特色农产品地理标识及品牌建设的重要性。

8.3.2　细分市场识别——基于消费群体特征分析

为进一步识别细分市场，有效对接各细分市场消费群体的需求，本节对各细分市场消费群体的人口统计特征变量及消费方式特征变量进行交叉分组频数分析，以掌握各细分市场消费群体的多特征变量联合分布特征（见表 8-8）。

表 8-8　　各细分市场消费群体人口统计特征变量频数分析

人口统计特征变量		细分市场 1 个人利益型	细分市场 2 社会与责任型	细分市场 3 地理标识驱动型	卡方检验（Pearson Chi^2）	双尾显著水平 Asymp. Sig. (2-sided)
性别	男	12.8	23.6	9.6	6.947	0.031
	女	20.4	20.1	13.4		
年龄	30 岁以下	7.9	7.5	10.5	10.184	0.024
	31~40 岁	8.7	12	6.4		
	41~50 岁	14	16.3	6.7		
	51~60 岁	5.6	2.3	2.0		

续表

人口统计特征变量		细分市场1 个人利益型	细分市场2 社会与责任型	细分市场3 地理标识驱动型	卡方检验 (Pearson Chi²)	双尾显著水平 Asymp. Sig. (2 - sided)
文化程度	高中、中专及以下	1.7	0.9	0.3	13.612	0.092
	大专	3.6	5.4	2.3		
	本科	15.2	20.7	12		
	研究生及以上	15.7	13.7	8.5		
个人月收入/ 生活费	2000 元以下	7.3	5.8	5.0	9.297	0.038
	2001 ~ 4000 元	7.0	3.5	4.1		
	4001 ~ 6000 元	7.3	8.2	4.4		
	6001 ~ 8000 元	6.4	9	3.8		
	8000 ~ 10000 元	6.1	1.7	6.4		
	10000 元以上	3.5	4.7	5.8		
政治面貌	党员	16.3	22.2	12	4.097	0.848
	非党员	16.9	21.6	11.2		
购买渠道	大型超市或购物中心	22.8	43.2	34	12.229	0.032
	农贸市场	46.2	32.5	21.3	13.008	0.025
	网购（电商平台）	32.7	24.2	43.1	11.207	0.029
	小区附近水果店或便利店	32.5	36.2	31.3	6.308	0.158
支付方式	互联网众筹	11.1	21.9	22.1	23.879	0.002
体验消费	采摘等农事体验	22.5	28	14.9	21.845	0.005

注：限于篇幅，支付方式与体验消费只列出"基本愿意"和"非常愿意"选项的频数分布之和。

资料来源：笔者整理。

由表 8 - 8 中卡方检验结果可以看出，在 $\alpha = 0.05$ 的显著性水平上，除文化程度、政治面貌及购买渠道中的最后一项（小区附近水果店或便利店）外，其余消费者特征变量对应的卡方概率 P 值均小于 α，说明各细分市场消费群体的人口统计特征及消费方式存在显著差异。下面分别就三类细分市场的消费群体特征差异进行描述和分析。

（1）个人利益型子市场。该类市场消费者的消费动机主要是基于个人生理（健康）及心理（愉悦）方面的诉求和利益满足。根据表 8 - 8 的消费者基本特征分布，该细分市场消费群体主要以女性居多，年龄处于 50 ~ 60 岁之间，月收入水平在 4000 元以下；文化程度变量虽不显著，但频数分布体现出"两头翘"的趋势，即较低学历水平（高中、中专及以下）和较高学历水平（研究生及以上）的消费群体相对来说都比较重视特色农产品消费带来的个人利益满足；该类消费群体多选择农贸市场购买特色农产品，且愿意参加采摘等农事体验活动以放松身心。

（2）社会与责任型子市场。该类市场消费者的消费动机主要是社会认同及责任担当等精神层面需求的满足。根据表 8 - 8 的消费者基本特征分布，该细分市场消费群体主要以男性居多，年龄处于 30 ~ 50 岁之间，月收入水平在 4000 ~ 8000 元之间，文化水平以大专、本科为主；该类消费群体多选择大型超市或购物中心购买特色农产品，对互联网众筹和农事体验等新型支付和消费方式都表现出较为强烈的意愿。

（3）地理标识驱动型子市场。该类市场消费者的消费动机主要是原产地及蕴含其中的区域价值，因此产品地理标识对其消费具有重要的驱动作用。根据表 8-8 的消费者基本特征分布，该细分市场消费群体主要以女性居多，年龄处于 30 岁以下区间，月收入水平在8000 元以上；该类消费群体更倾向于通过网络（电商平台）购买特色农产品，且比较愿意接受互联网众筹等新型支付方式。

综上所述，西部县域特色农产品细分市场识别如表 8-9 所示。

表 8-9　　　　　　　西部县域特色农产品细分市场识别

消费群体特征	个人利益型子市场	社会与责任型子市场	地理标识驱动型子市场
主要消费动机	注重特色农产品的营养保健功能以及个人身心利益的满足	注重社会认同及责任担当等精神层面需求的满足	注重原产地及蕴含其中的区域价值，看重地理标识品牌
性别	女性居多	男性居多	女性居多
年龄	50~60 岁	30~50 岁	30 岁以下
个人月收入/生活费	4000 元以下	4000~8000 元	8000 元以上
购买渠道	农贸市场	大型超市或购物中心	电商平台
新型支付方式意愿	不愿意	愿意	愿意
体验消费意愿	愿意	愿意	不愿意

资料来源：笔者整理。

8.3.3　细分市场营销策略

伍德拉夫（1997）指出，消费者感知价值已成为市场竞争力新的源泉。由此，以消费者感知价值作为细分变量对西部县域特色农产品市场进行细分，不仅可以有效辨识拥有不同价值诉求和消费动机的消费群体，更可以通过对不同细分市场消费群体特征信息的挖掘和分析，有针对性地进行产品开发和营销策略制定，从而更有效地对接消费者感知价值，提升产品市场竞争力。

8.3.3.1 个人利益型子市场

该类细分市场主要以中老年女性消费者居多。该消费群体由于年龄增长和身体素质逐渐下降等原因使其更加注重自身与家人的饮食健康问题，而产品品质上的保证和承诺则成为对接此类消费者感知价值的最有效手段。因此，从产品定位与营销来看，首先，应该通过产品品质提升及药用保健功能的开发满足该消费群体的健康饮食需求。其次，由于该细分市场消费群体大都经历过困难年代，因此，产品性价比是他们购买农特产品时特别关注的因素之一，物美价廉的产品能同时满足他们身心愉悦的需求。基于此，产品包装设计应简单实用，使消费者感觉到钱是花在产品上，而不是花在广告和包装上，从而增加他们对产品的信任和认同感，实现长期消费。最后，该类消费群体工作压力及家庭负担（子女教育任务）相对较轻，个人闲暇时间较多，更愿意也有精力参加各类户外休闲健身活动，因此可以通过采摘和农事体验等活动来实现这一细分市场的产品推荐和宣传活动。

8.3.3.2 社会与责任型子市场

该类市场主要以中年男性消费者为主体，该类消费群体主要具有以下两方面特征：一是收入稳定且相对殷实，有一定的社会地位和良好的人际关系基础，具有较好的购买力；二是除了对特色农产品品质功能上的要求外，更看重消费行为对个人社会地位、经济实力、生活品位以及责任担当的彰显。针对该类细分市场，相比较物质功能层面的供给，满足其精神层面的诉求才能更好地激发其价值感知，因此，从产品定位与营销策略来看：首先，升级消费环境，提升产品档次，让消费者在消费过程中感受到自我社会身份的提升和构建，实现其对个人社会阶层属性的定位和期待。其次，在保证产品品质和功能的基础上，强调产品蕴含的理念和文化，赋予产品更多的社交属性，通过包装质量的提升和营销宣传的引导，让产品成为馈赠亲友、送礼送健康的首选。最后，推动消费扶贫提档升级，提高消费者扶贫消费的获得感。扶贫消费让消费者在履行社会责任的同时也在一定程度上获得了社会归属感和精神层面的满足，但这种归属感和满足感并不足以持续推动扶贫消费，而只有产品品质和质量有保障，能够让消费者切实感受到"物优价廉"或者"物有所值"，才能实现扶贫消费的持续性增长。西部县域多为贫困地区，生产加工条件落后、产品精深加工程度不足，冷链物流等设备设施不健全，产品虽具有一定原生态、无污染优势，但不一定能达到相关标注，难以契合消费者对产品的功能性需求。因此，要对接消费责任感知价值，必须要推动消费扶贫提档升级，要以市场需求为导向，以产品功能性价值为基础，实现消费者从道德或政府引导的单次尝试性购买到产品品质功能引发的多次主动购买，以消费者扶贫消费获得感的实在提升促进扶贫消费的持续性增长。

8.3.3.3 地理标识驱动型子市场

该类市场主要以家庭经济基础较好或个人收入水平较高的年轻女性消费者为主体，她们或出于孝敬父母长辈或经营个人小家庭等原因，开始逐渐接触农产品的消费。该类消费群体由于年龄原因，一方面对品牌产品有着天然的崇尚，另一方面也确实缺乏对农产品质量甄别的经验，因此她们更依赖于通过农产品原产地标识及品牌信息评估和鉴别农产品品质，并倾向于购买具有一定品牌口碑的区域农特产品。针对该类细分市场，区域品牌的建设及宣传力度的增强，对实现消费者购买并进一步建立消费者忠诚具有重大的影响。因此，从产品定位与营销策略来看：首先，进一步加强西部县域特色农产品地理标识及区域品牌建设，提升区域品牌的市场知名度和关注度。注重运用微信微博、自媒体等网络营销渠道，以年轻消费者熟悉认可的方式，向消费者推荐介绍区域特有的"地脉""文脉"资源及其赋予产品的特殊功能和意义，注重农特产品外观包装的新颖漂亮及科学环保，着力打造西部县域农特产品独特、健康、时尚的区域品牌形象。其次，创新开发多层次消费渠道，积极举办农事节庆、网络众筹等体验式消费活动，优化购物环境，营造购物乐趣，提升消费体验，以此激发年轻一代消费者的消费意愿。最后，完善品牌标签信息，加强产品信息溯源体系建设，强化消费者对产品的信任进而实现消费者忠诚，特别是培养年轻一代消费者对品牌的忠诚度将决定着企业未来竞争力的长远发展。

第 9 章

"有为政府"与西部县域农业
特色产业竞争力

    钻石模型中将政府作为一个单独的、位于核心要素之外的因素来处理，在一个以竞争性市场结构为主的环境中，这样的处理是可行的。然而，在中国的地方政府竞争体制中，对特定地域的农业特色产业竞争力进行分析，则有必要对政府的作用给予更多的关注，深入考察并分析地方政府在推动区域农业特色产业转型升级及竞争力提升中应当发挥什么样的作用，以及如何发挥作用。现有文献主要集中于从静态视角讨论扶贫政策、产业政策及政策组合工具对地方农业特色产业的推动作用（黎杰松、李键江，2021；田川颐，2019；童洪志，2019），鲜有基于动态视角考察政府在推动农业特色产业转型升级过程中因时因势的政策和行为供给。基于此，本章以定西市安定区马铃薯产业作为考察对象，从产业发展的动态视角，探究政府在西部县域农业特色产业竞争力提升中的作用。

9.1 "有为政府"与西部县域农业特色产业竞争力提升——一个分析框架的提出

根据经济学经典理论，政府与市场是存在严格边界划分的，政府的职能仅在于公共产品的供给，而其余则应完全交由市场运行完成①。然而，实践证明，在经济发展水平较为落后的地区，由于市场发育水平有限，如果政府只负责公共产品供给，而将地区经济及产业发展完全交由市场自发推动，则不仅难以取得预期效果，甚至还可能进一步拉大与经济发达地区间的差距。林毅夫（2014）在其著作《新结构经济学》中指出，对于经济欠发达地区，地方经济发展及产业升级所需的软硬件基础设施等，都需要地方政府发挥"有形之手"的作用，以克服和解决"市场失灵"的问题，并进一步提出"有效市场"和"有为政府"的观点。根据《新结构经济学》，政府和市场不应是竞争和难以调和的，而应该是各司其职且政经互动的关系：一方面，要承认和贯彻市场在资源配置中的决定性作用，有效市场是有为政府的最终目标；另一方面，也要重视并发挥政府的引导和补充职能，有为政府是有效市场实现的前提和基础。回顾我国40多年的改革开放历程，地方政府在推动区域经济发展中始终扮演着十分重要的角色。党的十九届五中全会也明确提出要"推动'有效市场'和'有为政府'更好结合"。这些为我们理顺政府和市场的关系，推动地方农业特色产业高质量发展，提升产业竞争力提供了重要的理论视角和实践方向。

---

① 孙荣，许洁.政府经济学［M］.上海：复旦大学出版社，2001.

综上所述，本章基于新结构经济学要素禀赋变迁与产业提档升级的内生关系，结合"有为政府"和"有效市场"的互动机制，以历史发展的动态视角，构建政府与市场协同推进县域农业特色产业提档升级的分析框架（见图9-1），并着重分析政府行为在其中的重要作用。根据图9-1，县域农业特色产业的提档升级应当从三个层面予以理解和阐释。

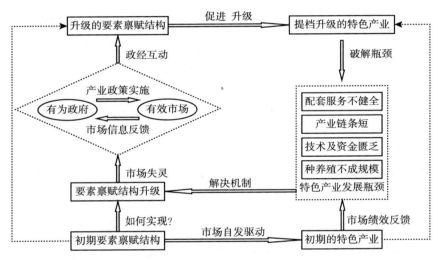

图9-1 县域农业特色产业提档升级分析框架

资料来源：笔者绘制。

第一个层面：县域农业特色产业提档升级的基础战略——从市场自发驱动到政府参与引导。

因地制宜打造优势农业特色产业，不断推动农业特色产业提档升级，对于进一步巩固脱贫成果，有效推动乡村振兴具有重要意义。2021年，中央"一号文件"专门提出要"立足县域布局特色农产品产地初加工和精深加工，建设现代农业产业园、农业产业强镇、优势特色产业集群"。近年来，我国县域农业特色产业发展虽取得了显著成效，但大多仍停留在市场自发驱动下的小农户分散经营模式阶段。在这种传统经营模式下，种养殖不成规模、资金和技术匮乏、产业链条短、产业配套服务体系建设不足等产业结构质的问题日益突出，严重阻碍着产业的进一步发展。根据《新结构经济学》中"市场失灵处就是政府有为处"理论，政府应立足区域特定的要素禀赋结构，助推优势产业转型升级，在明确"现在有什么"的基础上，重组升级要素，重构产业基础，进而推动产业发展，最终形成产业竞争力。刘蓝予（2021）也指出，对于产业基础及市场发育程度都较弱的县域经济体来说，由政府主导确定特色产业并制定发展目标和扶持政策，是推动县域特色产业发展，实现产业提档升级的基础战略。

第二个层面：县域农业特色产业提档升级的动力——"有为政府"与"有效市场"的协同推进。

根据新结构经济学理论，经济发展是一个动态的过程，存在外部性，需要进行协调。因此，只有政府角色与市场职能实现同步演进，才能为区域要素禀赋结构升级提供双重动力机制，从而推进县域农业特色产业的提档升级。一方面，在特色产业发展的任何一个阶段，市场都是资源实现有效配置的基础，在有效市场中，市场竞争和价格机制会让理性的特色产业经营组织自发寻求高效率的生产方式，进而促进自身产业组织形式和规模的升级；另一方面，在特色产业发展遇到市场难以克服的瓶颈问题或需要推动特色产业跨越不同发展阶段时，政府应扮演好协调和引导的角色，为产业发展在要素升级及结构转变过程中存在的外部性给予补贴，提供便利，通过产业政策的倾斜和公共要素的升级，保障市场有效运行，提升产业发展能力。

第三个层面：县域农业特色产业提档升级的路径——禀赋结构升级与产业结构优化相辅相成，循环累加。

产业发展的实质和最终目标是市场效益的不断提升，这取决于产业结构的不断调整和优化。根据《新结构经济学》，产业结构优化内生于要素禀赋结构的升级，即产业发展实质是要素禀赋结构和产业结构相辅相成、循环累加的过程。一方面，这一过程首先需要竞争、开放、有效的市场来反映要素禀赋的真实供需情况和价格信息，从而引导特色产业经营者遵循禀赋比较优势，自发从成本控制及产品质量角度进行要素重构，进而推动产业的提档升级；而产业的升级及提质增效必然会反哺产业，为产业发展及要素升级提供更充足的资本保障。另一方面，这一过程更需要政府制定各种积极有为的政策及措施，以保证和维护市场的竞争、开放及有效。像广义产业政策中的营商环境、产业园区建设，狭义产业政策中的扶持与引导政策，以及对特定产业成长有促进作用的精准扶贫政策、生态建设政策、绿色普惠金融政策等，都为市场有效及产业发展提供了制度上的支持和保障。在"有为政府"与"有效市场"双重动力推进下，禀赋结构升级与产业结构优化相辅相成、循环累加，为西部县域农业特色产业提档升级构建了历史的、动态的发展路径。

9.2 定西市安定区马铃薯——一个西部县域农业特色产业的崛起之路

定西市位于甘肃中部,通称"陇中"地区,这里曾经因为贫苦而闻名于天下。1982 年,联合国粮农组织专家曾考察认定这里"缺乏必要的人类生存条件"[①]。但是,就是在这样一片贫瘠的土地上却奇迹般地崛起了马铃薯特色产业,彻底改写了定西市"苦瘠甲天下"的历史。

定西市安定区是著名的"中国马铃薯之乡",马铃薯产业发展特色明显、生产产地集中、产品品质优良。2019 年,全区马铃薯种植面积 82 万亩[②],总产量 141.5 万吨,年产脱毒微型薯达 5 亿粒,是全国马铃薯种植面积最大、微型薯繁育能力最强的县(区)之一。全区马铃薯一二三产业生产总值 30 亿元,占 GDP 的 33%;农民人均从马铃薯产业中获得收入 2400 元,占农民人均可支配收入的 28%,马铃薯产业已成为安定区富民强区的支柱产业[③]。从过去人工刀切坑种式的粗放型生产到今天现代化农业的集约式经营,安定区马铃薯产业的全方位战略升级实现了其从"马铃薯之乡"到"中国薯都核心区"的跨越,本章以产业发展的"时间简史"为线索,从历史发展的动态视角,分析安定区马铃薯产业要素禀赋结构升级

---

① 银燕. 甘肃定西:旱坡披上绿衣裳[N/OL]. 人民网 - 人民日报,2016 - 10 - 23 [2022 - 8 - 30]. http://politics. people. com. cn/n1/2016/1023/c366035 - 28800504. html.

② 1 亩≈0.067 公顷,此处为原文引用,故不做修改。

③ 焦宏. 定西市安定区马铃薯产业发展规划(2021 - 2025 年)通过评审[EB/OL]. (2020 - 12 - 26)[2020 - 8 - 30]. http://www. farmer. com. cn/2020/12/26/wap _99864037. html.

与产业结构优化的发展历程，并对"有为政府"在其中发挥的作用进行重点阐释和分析。

马铃薯自欧洲传入我国后，在定西已有200多年的种植历史。经过长期的生态适应性选择及不断的品种创新升级，定西马铃薯经历了从困难时期"救命薯"、改革开放初期"温饱薯"，到新时代"致富薯""小康薯"的蜕变，产业效益及产业竞争力大幅提升，这既来源于"一方水土"的恩赐，更应归功于定西人民在当地政府的正确领导下，在生产实践中对自然规律、市场经济规律及科学规律的重视和坚守。

依据产业发展及推进情况，本章将定西安定区马铃薯产业发展划分为三个阶段，如表9-1所示。在这三个阶段性过程中，马铃薯产业的要素禀赋实现了从不可流动的自然资源要素到可流动的资本、技术等要素的迁移和升级，从而也带动了产业结构的不断优化和升级，而产业在各阶段所面临的瓶颈和困难，也成为政府和市场推进产业继续发展必须要破解的问题。

表9-1　　　　定西安定区马铃薯产业发展"时间简史"

项目	探索推进阶段 （1996~2007年）	战略发展阶段 （2007~2014年）	提质增效阶段 （2014年至今）
产业发展背景	1996年，定西市委、市政府在扶贫攻坚过程中提出要大力实施"洋芋工程"	2007年，农业部在定西市召开全国马铃薯产业发展经验交流会，定西市委市政府提出要着力打造"中国薯都"，而安定区则以"中国薯都核心区"为产业发展战略目标	2014年，定西市委市政府提出《关于马铃薯产业转型升级的意见》，要求切实提升马铃薯产业化经营水平，加快推进"中国薯都"建设步伐

续表

项目	探索推进阶段 (1996～2007 年)	战略发展阶段 (2007～2014 年)	提质增效阶段 (2014 年至今)
产业要素禀赋	春季干旱少雨、秋季雨热同期；气候冷凉；昼夜温差大	推进设施农业及装备建设，招商引资，培育龙头企业	硬件设备提升；引入物联网种植技术；互联网及电商平台建设
产业发展成效	种植面积突破 6.67 万公顷，成为全国马铃薯种植第一县（区）；成立安定区马铃薯协会；形成马铃薯规范化种植标准	万吨以上马铃薯加工龙头企业 10 家，加工能力达 34 万吨；成立了 280 多个农村合作组织；设施农业发展迅速	2020 年，全区马铃薯总产量 190 万吨，总产值 40 亿元；优质种薯扩繁基地 6.8 万公顷，年产脱毒种薯 200 万吨以上，被农业部认定为全国第一批区域性马铃薯良种繁育基地
产业发展瓶颈	科技支撑不足，没有形成区域品牌优势	全程机械化程度较低；市场体系薄弱、销售渠道单一、信息沟通不畅	全产业链发展水平不足；配套服务体系不健全

资料来源：笔者整理。

9.2.1 探索推进阶段 (1996～2007 年)

定西人祖祖辈辈以马铃薯为食，但马铃薯被当作产业发展是从 20 世纪 90 年代才逐渐开始的。1996 年，定西市委、市政府在扶贫攻坚过程中提出要大力实施"洋芋工程"，第一次把马铃薯产业开发作为重点工作列入各级党委、政府的议事日程，开始从品种改良、种植面积扩大及产量提升等方面入手，探索如何通过"洋芋工程"建设推动数百年来自给自足的传统农业向现代化商品农业逐步转变。1998 年，定西市各级政府都成立了马铃薯产业开发领导小组，并下设马铃薯产业发展办公室，推动农民种植结构调整，大力扶植马铃薯产业。这其中定西市六县一区中的安定区率先提出并贯彻规模化种植，很快主导了销售市场的话语权，并于 2001 年获得"中国马铃薯之乡"的称号。

马铃薯种植在定西市安定区被确定为重点开发扶持产业，是当地政府基于其自然禀赋资源考量的不二选择。一方面，定西市安定区地处高冷、干旱地区，冰雹等自然灾害多发区域，在这种恶劣的自然资源条件下，马铃薯作为小旱雹打不减产，大旱灾年不绝收的"铁杆农作物"，自然成为优先发展的农业产业；另一方面，安定区春季干旱少雨、秋季雨热同期的降水规律，以及冷凉的气候和较大的昼夜温差与马铃薯生长习性非常吻合，因此也是马铃薯种植的理想区域，具有明显的自然资源禀赋优势。

在探索推进阶段，安定区政府在产业发展中发挥出了重要的推动和引导作用。一是大力推进规模化种植。由于千百年来形成的思维定式和种植习惯，当地农民对放弃种植小麦，全面改种马铃薯有较强抵触情绪，规模化种植推进工作困难重重。为了实现连片种植马铃薯，扩大种植规模，时任安定区委书记李旺泽顶着巨大的压力，坚持建基地、扩规模，将基地建设作为推进安定区马铃薯产业发展的战略基础。2007 年，安定区马铃薯种植面积突破 6.67 万公顷，成为全国马铃薯种植第一县（区）①。二是推动市场化经营。一方面，由政府制定马铃薯规范化种植的一整套标准，引导农民按标准科学规范地种植，从而确保马铃薯产量和品质的提升；另一方面，于 2003 年成立安定区马铃薯协会，以大户为中心，联合中小

---

① 甘肃省科学技术厅. 安定电商：马铃薯之都——定西［N/OL］. (2018 – 07 – 27)［2022 – 05 – 10］. https：//www. sohu. com/a/243613629_100233949.

户,向农户提供销售、信息等服务,组织农户联合起来抵御市场风险,有效保护了农户利益。

在探索推进阶段,安定区马铃薯产业发展也存在一些瓶颈问题。一是依靠科技创新推动产业化发展动力不足。安定区虽然建立了良种繁育体系,但繁育能力不足,也缺乏必要的病毒监测组织部门和技术人员。此外,废弃物处理能力不足导致的环境污染、贮藏技术落后等问题对马铃薯质量的影响在很大程度上抑制了安定区马铃薯的规模化发展。二是没有形成区域品牌优势。安定区虽有"中国马铃薯之乡"的美誉,但并未形成区域品牌优势,在国内马铃薯市场上认可度不高,竞争力不足。

9.2.2 战略发展阶段 (2007~2014 年)

2007 年,农业部在定西市召开全国马铃产薯业发展经验交流会,这是农业部第一次为某一种农作物而专门召开大会。在这次全国瞩目的重要会议上,定西市委市政府提出要依托产业优势,着力打造"中国薯都",而安定区则以建立"中国薯都核心区"为产业发展战略目标。由此,定西市马铃薯产业开始进入到产业战略发展阶段。2014 年,定西市马铃薯播种面积达到 20 万公顷以上,产量持续稳定在 500 万吨左右,总产值达到 120 亿元,农民人均产业收入达到 1050 元左右[①]。伴随产量规模迅速增加,安定区马铃薯产业

---

① 李秀清. 小小马铃薯变大产业——定西发展马铃薯产业带动农民精准脱贫 [N/OL]. (2017-06-09) [2022-10-12]. http://www.anding.gov.cn/art/2017/6/9/art_521_347615.html.

链条延伸力度持续加强。全区拥有万吨以上马铃薯加工龙头企业 10 家，马铃薯制品加工能力高达 34 万吨，分别占到全市的 37% 和 75%①。在这一阶段，要素禀赋结构实现了一定程度的升级：一是科技含量的提升。在稳定种植面积的同时，安定区把马铃薯增产提质的着力点放到了良种培育和标准化种植技术的推广及应用上，并大力推进脱毒种薯繁育基地的建设。此外，安定区先后成立了 280 多个农村合作组织②，以农业机械合作推动农业技术服务，实现了马铃薯从翻地种植到收获分拣全过程环节的机械化作业。二是设施农业及装备发展迅速。政府统一布局，围绕马铃薯等特色产业，以设施农业建设作为促进农民增产增收的重要手段，强力推动。

这一阶段，安定区马铃薯产业的规模扩张和结构优化得益于要素禀赋的升级，而要素禀赋的升级除了市场的倒逼作用，更有赖于政府积极的拉动作用。一是加大政策倾斜和资金支持。2000 年以来，市县两级政府多次调研、督察设施农业推进工作，联合财政、农机、畜牧以及金融机构共同出台扶持政策。安定区采取"财政投入一些、部门挤出一些、项目配套一些、农户自筹一些"的办法，以及"以奖励代补贴"的形式，持续加大资金支持。二是加强宣传力度和广度，积极实施品牌战略。从 2008 年开始，连续举办了七届（2001～2007 年）的马铃薯产业经贸洽谈会由农业部和甘肃省人民政府牵头面向全国升级为"中国·定西马铃薯大会"，会议层次更高、规模更大，将产业开发和特色文化有机融合，既有效提升了

① 王雨 . 安定区：奏响多元产业富民曲 [N/OL]. 甘肃日报，2015－12－15 [2022－10－12]. http：//finance. china. com. cn/roll/20151215/3496088. shtml.

② 李琛奇，魏永刚 ."吃"定土豆奔小康——甘肃定西市安定区马铃薯产业发展调查 [N]. 经济日报，2019－11－21 (11).

"定西马铃薯"的品牌知名度，更大幅扩宽了定西马铃薯的宣传和销售半径，安定区"大江"牌马铃薯获国家有机食品认证，"清吉"牌马铃薯精淀粉获国际金奖。三是注重招商引资和龙头企业培育，为农民开拓市场。龙头企业是马铃薯销售的"终端市场"，也是老百姓"看得见、摸得着"的市场。龙头企业的带动作用很大程度上归因于它为农民的产品提供了销路，为农民解除了产品销售的后顾之忧。截至2014年，安定区培育了一批产业链条长、市场份额大、带动能力强的龙头企业，安定区也成为我国最大的马铃薯加工基地。

这一阶段，安定区马铃薯产业虽然实现了跨越式发展，但依然面临许多现实困难。一是马铃薯种植全程机械化程度较低。该阶段安定区马铃薯依然以小农户分散经营为主，土地经营规模小且多为山区或坡地，加之普遍的农机服务配套不足、农机装备水平落后，使安定区马铃薯种植全程机械化程度依然较低。二是市场体系较为薄弱。虽然安定区马铃薯产销量呈逐年上升的趋势，但整个马铃薯市场依然存在规模不足，物流、储藏等基础设施建设落后，销售渠道单一，信息沟通不畅，产销脱节的现象。三是种薯质量把控不严，抑制产业提质增效。鉴于种薯企业较低的准入门槛，个别企业由于自身资质不足或者基于成本的考量，没有严格按照技术标准执行，由此对马铃薯种薯质量及产业的整体效益产生了负面影响。

9.2.3 提质增效阶段（2014年至今）

2014年6月，定西市委市政府为切实提升马铃薯产业化经营水平，加快推进"中国薯都"建设步伐，专门提出《关于马铃薯产业转型升级的意见》。意见中指出要在标准化生产、品质提升、产业链条延伸、营销贮藏、科技创新等方面寻求突破，加快马铃薯产业在种薯培育、种植、加工等环节的提质增效以及加速市场建设和研发能力的转型升级。

这一阶段，安定区按照中央和省区市的战略部署，推动马铃薯产业成为引领区域经济的战略性主导产业和区域性首位产业，而产业发展所需配套的公共要素也进一步得到升级。一是技术硬件设备的提升。安定区太平马铃薯基地引进并投入使用目前国际上最先进的水肥一体化物联网种植技术，实现了马铃薯种植在技术上的飞跃。2019年，安定区马铃薯总产量达146万吨，农民人均从马铃薯产业中获得收入2300元以上。二是互联网及电商平台的便利。安定区与电商企业合作建立了淘宝特产馆、羚羊鲜生、京东特色馆等电商平台，开设马铃薯及薯制品销售的网店近270家①，年网络销售额逾亿元，实现了"农超农校对接、线上线下融合"的市场销售体系。

安定区马铃薯产业的转型升级和提质增效离不开省区市三级政府强有力的政策及资金支持。在这一阶段，"有为政府"的作用主要体现在以下方面。

9.2.3.1 对贫困户实行原种补贴政策

安定区以马铃薯产业助推精准脱贫，不断加大马铃薯良种调运

---

① 王朝霞. 小土豆蝶变展新姿——定西市安定区发展马铃薯产业见闻［N/OL］. (2020 - 10 - 09)［2022 - 10 - 12］. http://gansudaily.com.cn/system/2020/10/09/030173701_02.shtml.

及对贫困户的补贴力度，以实现全区马铃薯良种覆盖。2018 年，安定区政府筹集 1800 万元资金，为全区有种植意愿和能力的近 14000 贫困户免费发放原种近 6600 吨，帮扶贫困户户均种植面积 10 亩以上[①]。

9.2.3.2 筹建国家级马铃薯批发市场

2012 年，农业部与甘肃省政府在北京市签署合作协议，共建国家级定西马铃薯批发市场。2014 年 10 月，该市场于安定区全面启动建设。市区两级政府坚持"政府主导、企业运作"的原则，在组织推进各项前期准备工作的基础上，靠实领导主体责任，积极筹划整合资源，以期建设一个集物流集散、价格形成、信息传播、科技交流和会展贸易为一体的现代化国家级马铃薯交易中心。此外，地方政府还牵头开发了"中国马铃薯信息网""中国薯宝"App，"定西马铃薯专购平台"等网络信息交易平台，在集中展示宣传"中国薯都"发展成效的同时，也实现了全国马铃薯主要产区及大型终端市场价格信息的共享和发布，推动并初步实现了定西区马铃薯及薯制品线上线下销售渠道的有机融合。

9.2.3.3 加强区域品牌建设

2014 年开始，安定区围绕"中国薯都"核心区和全国马铃薯贸工农一体化示范区的目标定位，着力筹建"全国马铃薯产业知名品

---

① 丁陆军. 紧盯脱贫"靶心" 马铃薯"蛋"无虚发——定西马铃薯产业助推精准脱贫工作纪实 [N/OL]. (2018-04-26) [2022-10-12]. http://gsjb.com.cn/system/2018/04/26/016952261.shtml.

1 亩≈0.067 公顷，此处为原文引用，不做修改。

牌创建示范区",大力实施品牌发展战略。2015 年,"定西马铃薯"国家地理标志保护产品申报工作正式启动,在市政府、市质监局、市农业局等部门统筹联动下,"定西马铃薯"于 2017 年成功获批国家地理标志保护产品,成为名副其实的地方名片。2020 年,"定西马铃薯"获首批"甘味农产品"称号。先后注册了"新大坪""福景堂""凯凯""兴爱兰"等 62 个马铃薯及其制品商标,完成马铃薯地理标志认证 1 个、马铃薯及其制品 A 级绿色食品认证 16 个,有机食品认证 3 个。授权"定西马铃薯"地理标志商标使用主体 22 个①。在政府的大力推动下,马铃薯产业在品牌化发展道路上已经迈出了坚实的步伐,取得了可喜的成绩。

9.2.3.4 注重环境治理,确保产业可持续发展

多年来,马铃薯加工企业废水污染一直是定西市最突出的环境问题,也对产业发展造成了极大的阻碍。2015 年开始,定西市区两级政府多次召开座谈会、工作会,全力攻克马铃薯淀粉加工废水污染防治难题。会议多次强调要落实领导干部主体责任和监督责任,加大问责力度,积极组织学习各地废水还田成功经验,以推动产业可持续发展,实现经济效益和环境效益双赢。2017 年,安定区政府与中国环境科学院共同确立了马铃薯加工有机肥水还田林治理方案,从循环经济视角探索出一条"农工融合,以工补农"的产业发展与环境治理的可行性路径。

---

① 陈习田. 看!咱"定西三宝"马铃薯的"独特味道" [Z/OL]. (2020 - 09 - 20) [2022 - 05 - 10]. http://gansu.gscn.com.cn/system/2018/05/17/011952505.shtml.

9.2.3.5 组织相关力量,积极预防马铃薯晚疫病

为做好马铃薯晚疫病防治工作,市区政府以宣传培训及技术指导作为疫病防控重点工作,多举措向群众宣传和讲授疫病防控技术:一是大规模开展宣传培训,发放技术资料,普及疫病识别及防治技术;二是邀请省内外知名农业专家对乡镇干部和种植农户开展技术培训;三是选派技术人员到各乡镇驻点进行技术指导。此外,在防控农药、器械等物资保障方面,省区市各级政府及乡镇都进行了专门的财政划拨,以确保疫病防控工作的顺利推进。

在提质增效阶段,"有为政府"积极推动马铃薯产业品质的提高和品牌价值的提升,完善市场体系,开发销售渠道,安定区马铃薯产业逐渐成为定西市乃至整个甘肃省最具市场优势和开发前景的农业特色产业。虽然定西市及安定区马铃薯产业在产能产量、品种品质、市场销售等方面具备了一定的优势,但在科技支撑、新品研发、精深加工、品牌维护、市场把控、公共服务配套、文化内涵建设及金融扶持等方面依然存在不足和短板,主要集中体现在两个方面:一是全产业链发展水平不足。链条前端研发推广、链条中间产品技改、链条后端品牌价值提升都存在明显不足。二是配套服务体系不健全。马铃薯经营规模的快速提升凸显产业链上各环节配套服务体系的不足。

9.3 "有为政府"与安定区马铃薯产业竞争力提升——基于县域农业特色产业提档升级分析框架的思考

9.3.1 马铃薯产业提档升级的基础战略——从市场自发驱动到政府参与引导

定西以"苦瘠甲天下"闻名，土地贫瘠、干旱少雨，当地农民自发种植一些马铃薯，既是因为只有马铃薯能适应这里恶劣的自然条件，也是基于当地旱涝灾害频发，而马铃薯既能当菜又能当粮，可以应付灾年的生活。数百年以来，马铃薯作为当地农民的救命粮，其种植一直停留在自给自足的水平，即便偶有售卖，也是围绕周围十里八村。1996 年，定西市委市政府发掘地方比较优势，提出"洋芋工程"建设项目，其后历任领导班子始终保持政策一致，接力蓝图绘制，在育种、种植、贮藏、加工、产品创新等各个环节因势利导，大力推动公共基础设施建设、配套服务体系建设，每年举办马铃薯大会和经贸洽谈会为产业发展开拓市场、招商引资，使马铃薯从过去不起眼的"土蛋蛋"变成了今天的安定区以及定西市最强大的经济支柱。林毅夫等（2017）曾借定西区的马铃薯产业发展来证明"正确的思路可以改变贫穷的命运"。正确的思路是什么？其实就是"有为政府"因地制宜的设计规划，勇于突破的制度创新和坚强有力且具有延续性的行政推动。应当说，定西市安定区马铃薯特色产业的崛起是政府、市场及相关经济社会主体协同推进的结果，但是，这其中离不开地方政府对当地比较优势的审视把握、对产业遴选及产业发展方向的科学决策和强有力的行政推动，也为产业发展起到了最关键的撬动作用，奠定了产业崛起的战略基础。

9.3.2 马铃薯产业提档升级的动力——"有为政府"与"有效市场"的协同推进

前已述及，政府角色与市场职能的同步演进为区域要素禀赋结构升级进而产业提档升级提供双重动力机制。从定西市马铃薯产业各阶段发展情况来看，其成效的获得也是得益于"有为政府"和"有效市场"的协同推进。

9.3.2.1 "有效市场"的倒逼作用

在定西市安定区马铃薯产业发展的各个阶段，市场竞争和价格机制都在倒逼产业组织结构的演化升级。

在探索推进阶段，产业的选择及发展主要是基于自然资源及区位优势的考量。在这个阶段，马铃薯种植主要是以小农户的分散经营为主；农户以传统批发或者零售形式实现产品销售，销售半径虽逐渐向全国辐射，但主要以初级农产品为主，产品附加值较低，此时的马铃薯产业发展依然局限于传统农业范畴。

在战略发展阶段，市场竞争日趋激烈，对产品品质的要求亦更加严格，传统小农户分散种植已不能满足日趋升级的市场需求。为提升产品科技含量和品质，实现"人有我优"的市场优势，各类农村专业合作组织相继成立。这些合作组织以土地流转为前提，有效推动了生产的机械化和标准化，既保障了产品品质，又提升了农户种植效率。产业规模的进一步扩大和市场认可度的不断提升，为安定区吸引来一批专门从事马铃薯加工的龙头企业，而伴随这些企业的入驻和营运，安定区马铃薯产业也实现了由传统农业产业向农工融合产业发展的转型升级。

进入提质增效阶段，市场需求向多元化、高质量发展，在这一市场需求变化的驱动下，马铃薯标准化生产基地、示范园区等与物联网、大数据技术的结合，实现了马铃薯种植的精细化和更高水平的现代化。在销售方面，互联网和电商经济的发展，打破了农户与客商间的地域与信息屏障，为马铃薯产业的市场开拓提供了前所未有的契机。安定区与各大电商企业合作，成立专门的电商平台，为消费者提供更专业、更便利的产品销售及售后服务，满足消费者多元化的消费需求。而销售方式的升级及利润空间的增大，也为产业进一步优化升级夯实了物质基础。此外，这一阶段，在龙头企业、基地、示范园区等的带动下，马铃薯产业体系更加完善、产业链条不断延伸，品牌价值及影响力显著增强，贸工农一体化的产业发展格局基本成形。

9.3.2.2 "有为政府"的拉动作用

"政府有为"对于区域经济发展和地方产业培育具有显著的积极作用。从 1996 年实施"洋芋工程"，到 2008 年"中国薯都"战略的确定，再到 2014 年《关于马铃薯产业转型升级意见》的提出，定西马铃薯产业每一次跨越式的发展都离不开政府的因势利导和强势推动。

政府因势利导主要体现在对区域比较优势产业的正确把握和选择上。根据林毅夫《新结构经济学》的内容，一个地区如果违背其比较优势发展，其产品将会因为较高的生产成本而缺乏竞争力。以定西市为例，定西市在"洋芋工程"提出以前，当地农民也曾投入大量气力去种植小麦、玉米等农作物，但是定西市干旱少雨的气候特征并不适合小麦、玉米的种植，特别是遇上大旱的年景，小麦、玉米甚至颗粒无收，靠天吃饭的生产和生活方式让定西市当地农民长期挣扎在温饱线上，贫困问题一直难以得到改善和解决。但是，从 1996 年实施"洋芋工程"项目开始，定西市的经济和产业进入了快速发展轨道，农户收入与生活水平显著改善，这与当地政府从自身比较优势出发，因势利导，大力扶持是密不可分的。

政府强势推动既包括硬件方面对配套基础设施及公共物品的建设和推进，也包括软件方面对制度、技术、品牌等的不断完善和创新。首先，完善的硬件设施及公共物品是优化产业营商环境，提升产业经营效率的重要物质基础。在定西市马铃薯产业发展过程中，市区两级政府都高度重视贮藏、市场、物流等硬件配套设施的建设。贮藏设施建设方面，依托国家专项补助，大力发展"贮藏库＋恒温库＋窑窖群"的马铃薯贮藏体系，提升贮藏技术水平，降低产品贮藏损失；市场建设方面，国家级定西马铃薯批发市场的建设和投入使用将进一步增强定西市在全国马铃薯市场的话语权；物流配套建设方面，无论是产业发展早期"公司＋协会＋铁路"的物流模式，还是现在电商物流中心及配套机构设施的建设，也都得益于政府的扶持和大力推动。其次，政府在制度供给、技术创新、品牌维护等产业软实力方面的建设也是推动产业高质量发展的重要力量。①制度供给方面。贫困户原种补贴、农机购置补贴、病疫防控补贴等资金扶持政策的贯彻落实，从生产经营全过程保障了马铃薯供给质量和农户收益水平。价格保护政策的执行打消了农户的后顾之忧，既保护了农户切实利益，也稳定了马铃薯的种植规模。环境治理及违规处罚等政策的相继出台，叫停了以环境为代价换取短期经济效益的无序产业开发状态，推动了产业进一步向绿色生态型农业转型升级。②技术创新方面。农业技术具有一定的公共物品特性，单纯依靠市场难以实现技术向欠发达地区的有效供给。因此，政府就成为欠发达地区农业技术供给的主要力量。定西市区两级政府在确保马铃薯规模化经营的基础上，重视科研投入，通过技术人才引进、科研机构设立等方式，在新品种培育研发、物联网种植等方面逐渐探索出一条具有定西特色的马铃薯产业科技创新之路，大幅度提升了产业的效率和效益。③品牌建设和维护方面。市区两级政府集合各方资源和力量，积极推动"定西马铃薯"国家地理标志保护产品的申报、马铃薯品牌商标的注册，并制定审核颁发无公害马铃薯甘肃省地方标准等，政府力量的介入和统筹管理，不仅规范了区域品牌的使用，也杜绝了假冒产品以次充好，更提升了品牌的声誉和竞争力，有效扩大了市场份额。

9.3.3 马铃薯产业提档升级的路径——禀赋结构升级与产业结构优化的循环累加

在定西马铃薯产业发展的各个阶段,"有效市场"的市场竞争和价格机制都在倒逼产业结构的演化升级,而产业结构的升级又需要配以更高层次的禀赋结构。对于经济欠发达地区来说,单纯依靠市场难以获取产业升级所需的配套资源禀赋。由此,引导和推动禀赋结构升级的任务就要由政府来组织实施。在马铃薯产业探索推进阶段,市场竞争对产业规模化发展提出要求,政府的作用就在于引导鼓励农户积极参与,扩大生产规模,推动市场化经营。伴随土地资源的整合和种植规模的扩大,马铃薯产业进入了快速发展轨道。在战略发展阶段,市场对产品品质和质量标准提出了更高的要求,而不断变化升级的市场需求也对产业在人力、资本、科技,以及品牌建设等方面的资源要素提出了更高的要求。这一阶段,政府的重点任务就在于良种培育、标准化种植技术的推广应用,以及产业设施装备的现代化建设。进入提质增效阶段,高质量且多元化的市场需求对产业结构调整提出了更高的要求。在这一阶段,一方面,经过前期阶段的发展,产业在经营组织建设、产业链延伸、品牌推广、产品科技附加值等方面已经有了一定程度的积累,这些积累为下一阶段产业的提档升级奠定了良好的要素禀赋基础;另一方面,政府也在继续深化对产业的引导和扶持,强龙头、补短板,在科技支撑、品牌维护、公共服务配套、文化内涵建设及金融扶持等方面,充分发挥市场的有效补充作用,"兜底"产业发展风险。

2021 年，林毅夫在线上出席"中国定西·马铃薯大会暨高峰论坛"时，谈到定西市发展经验，他指出："如果全世界各个贫困地区都能向定西一样准确把握比较优势，并通过有效市场和有为政府的协同推进将比较优势转化为市场竞争优势，那么在世界范围内战胜贫困就是可以实现的。"在"有为政府"和"有效市场"共同作用下，定西马铃薯产业在禀赋结构升级与产业结构优化的相辅相成、循环累加中实现了跨越式发展，既改写了千百年来定西市积弱积贫的历史，也为全世界贫困地区推动地方产业发展提供了宝贵的历史经验。

第 10 章

结论与展望

10.1　主要结论

县域作为我国推动经济发展、维护社会稳定的基本单元，也是中国农业与农村经济发展的基础载体。与东部发达地区相比，西部县域的农业产业化发展整体呈现落后态势，产业规模小、产业链条短，资金缺口大、科技含量低等问题严重制约着西部县域农业产业化发展及整体实力的提升。2018 年 4 月 13 日，习近平总书记在海口市石山镇施茶村视察时指出："乡村振兴要靠产业，产业发展要有特色"。因此，西部地区大力发展县域特色产业，不断提升特色产业竞争力，不仅能够充分利用并发挥本区域自然、经济、社会的比较优势，实现县域产业结构优化演进，而且也是增强县域经济实力，助推乡村振兴的有效实施路径。本书基于以上背景，对西部县域农业特色产业竞争力问题开展研究，既有助于促进西部县域生产要素资源的优化配置及产业结构的合理化，实现西部县域经济可持续发展，也是新时期巩固产业扶贫成果，加速西部县域实现乡村振兴步伐的重点课题。

　　一般来说，区域产业竞争优势可以根据特定区域要素的密集程度区分为不同的竞争优势，如土地密集型、劳动密集型、资本密集型、生态密集型等。对于前三种要素密集型的可贸易产品，竞争性市场基本上会实现其优化配置，而对于生态密集型产品，却不能仅仅依靠市场来配置。原因在于：其一，对不同成长背景、成长阶段的产业，其不同的禀赋结构在价值链增值中的功用不尽相同，特别是对于县域农业特色产业的竞争力，问题的关键是如何突出其自身成长中特殊禀赋结构的重要性；其二，一般的竞争力要素禀赋结构决定论处理的几乎是一个全流动要素不同结构的组合问题，产业成长中的不可流动要素的作用要么被忽视，要么被分解，几乎看不到不可流动要素的功用。本书认为，虽然理论界已经习惯了通过替代性来处理要素禀赋结构及其升级的问题，进而解决产业竞争力问题，但当面对县域农业特色产业竞争力培育问题时，这样的方式并不是完全适应的，需要换一种思维方式来解决问题。

　　由此，本书的主要贡献就在于：首次系统完整地提出了县域农业特色产业竞争力命题。将西部县域农业特色产业竞争力培育置于一个由企业、市场、政府三方协同、共生、演化的产业环境中，从要素禀赋结构和行为禀赋结构共同决定农业特色产业竞争力的理论视角出发，创造性地构建了西部县域农业特色产业竞争力分析的新钻石模型，拓展了县域农业特色产业及其竞争力的研究空间。

　　本书围绕高质量发展阶段，西部县域农业特色产业竞争力提升问题，主要从西部县域为什么应该提升农业特色产业竞争力和应该

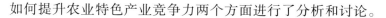

如何提升农业特色产业竞争力两个方面进行了分析和讨论。

第一，关于"为什么"的问题。该部分依据农业高质量发展的内涵特征构建农业高质量发展测度指标体系，并对我国农业高质量发展水平进行了整体测度；而后依据测度结果对西部农业高质量发展水平进行评价。评价结果显示：西部地区由于经济发展水平不足，其在农业效益、农业效率及农业素质评价方面都显著落后，但在农业品质方面却显示出一定的比较优势和后发优势，因此，西部地区推进农业高质量发展的关键点应当在于因地制宜，以自身农业生态资源禀赋为依托，以绿色有机的农特产品为突破口，发展农业特色产业，推动西部地区农业实现高质量发展。

第二，关于"如何做"的问题。本书首先分析了西部县域农业特色产业竞争力的内涵及构成要素，并在此基础上构建了西部县域农业特色产业竞争力分析模型；其次以总模型为依据，从产业要素、企业战略、需求趋势及产业政策四个方面对西部县域农业特色产业竞争力提升问题进行分析。该部分主要结论包括以下四个方面。

（1）产业要素对西部县域农业特色产业竞争力的影响。

首先，西部县域丰富且独特的自然人文历史资源（不可流动要素）决定了特色农产品的功能性价值，从而形成了其一定区域范围内以品质声誉为保障的潜在竞争力；不可流动要素租值决定了特色农产品的市场价值，最终表现为特色农产品的实在竞争力。潜在竞争力并非实在竞争力，而要将潜在竞争力转化为实在竞争力，关键在于市场对特色农产品功能性价值及其背后不可流动要素的识别，而这种识别将决定着市场对不可流动要素的需求，以及不可流动要素租值和市场价值的增加。其次，市场价值及不可流动要素租值的提升会反过来促进对不可流动要素的升级利用；而对不可流动要素更好的挖掘和利用，又会进一步带动对特色农产品功能性价值的开发和创新，从而在更高水平上实现市场价值增值。最后，依据不可流动要素建设特色农业品牌，传递不可流动要素信息，是实现市场识别，提升不可流动要素租值及市场价值的有效手段。

（2）企业战略对西部县域农业特色产业竞争力的影响。

首先，通过对西部县域农业特色产业链典型模式梳理及对竞争力形成机制进行分析发现，当前西部县域农业特色产业链竞争力的短板在于运行机制的不畅及创新机制的不足，而这种不畅和不足也使产业链对特色资源租值的挖掘难以深化，从而也削弱了"特色"对产业链发展的核心驱动力作用。其次，通过西部县域特色农业产业链构建的关键影响因素分析，发现特色农业产业链内交易为各主体节约交易费用越多，违约后违约赔偿金越高；链内合作长期收益较之市场长期收益越好，产业链内各主体间协调沟通机制越完善，产业链上各主体间遵照契约规定实现链内合作的概率就越大，特色农业产业链稳定良好运行的可能性也越大。这也为本书构建和优化西部特色农业产业链，提升产业链竞争力，明确了方向和着力点。最后，尝试基于区块链技术构建西部县域特色农业产业链，并提出人力资源问题和物质资源问题是目前最重要的抑制性因素。

（3）需求条件对西部县域农业特色产业竞争力的影响。

首先，当特色农产品原产地被限定为西部县域这一特定地域范围时，消费责任价值也会成为影响消费者购买意愿和行为的前置变量。因此，西部县域特色农产品消费者感知价值应当包括功能价值、情感价值、社会价值、区域价值以及消费者责任价值五个维度。其次，消费者对西部县域特色农产品在功能、情感、社会、区域以及消费者责任五个价值维度层面的感知均显著正向影响其购买意向。其中，功能价值对消费者购买意向的影响最显著，情感价值和社会价值次之，区域价值和责任价值影响程度相对较弱。最后，以消费者感知价值作为细分变量对西部县域特色农产品市场进行细分得到三个细分市场，分别为个人利益型子市场、社会与责任型子市场以及地理标识驱动型子市场，社会与责任型子市场消费者人数占总调研样本的43.73%，是消费群体规模最大的细分市场。通过细分市场识别，各细分市场消费群体的人口统计特征及消费方式存在显著差异。

（4）产业政策对西部县域农业特色产业竞争力的影响。

本部分以定西市安定区马铃薯产业为研究案例，结合"有为政府"和"有效市场"的互动机制，构建了政府与市场协同推进县域农业特色产业提档升级的分析框架。

10.2 研究展望

客观来讲，本书目前仅是搭建了一个初步的理论分析框架，一方面，框架本身的科学性、系统性、完整性还有待于进一步论证；另一方面，对框架内部各构成要素的研究内容、研究方法以及提出的一些观点，还有待深入思考和商榷。目前，对西部县域农业特色产业竞争力的研究还存在许多空白及不足之处，这也为笔者下一步的研究明确了方向和目标。今后的研究将致力于推进和解决以下三个问题。

第一，结合具体产业案例，进一步论证现有竞争力分析框架的科学性、系统性、完整性，考虑对现有竞争力框架的进一步完善和改进。

第二，区域内不可流动要素租值的挖掘问题。依据本书的结论，不可流动要素租值决定着特色农产品的市场价值，最终表现为特色农产品的实在竞争力。本书重点讨论了不可流动要素、不可流动要素租值和农特品牌建设之间的关系。那么，除了品牌建设之外，还能利用和创造哪些条件有助于不可流动要素租值的进一步挖掘，这是未来有必要进一步研究的问题。

第三，区块链与西部县域农业特色产业链结合的路径研究。从目前来看，区块链技术在我国农业领域的推广和应用还处于探索和起步阶段，而对于西部地区来说，要将区块链技术运用于县域农业特色产业链构建，则存在更多制约因素和亟须解决的问题。由此，如何进行顶层设计；如何在技术嵌入的基础上，解决组织和服务的嵌入；如何推动并实现小农户的衔接等问题都值得进行深入研究。

参 考 文 献

[1] 安虎森. 区域经济学通论 [M]. 北京: 经济科学出版社, 2004.

[2] 白长虹. 西方的顾客价值研究及其实践启示 [J]. 南开管理评论, 2001, 4 (02): 51 – 55.

[3] 曹佛宝, 狄方耀, 杨建州. 西藏特色农产品高端品牌原型形成机制研究——基于供应链视角 [J]. 中国藏学, 2017 (01): 133 – 139.

[4] 曹佛宝, 杨建州, 赖泽栋. 农产品品牌关系型态中介作用的实证分析——以茶叶品牌为例 [J]. 福建论坛 (人文社会科学版), 2016 (07): 27 – 33.

[5] 曹明霞, 徐元明. 县域农业综合竞争力的时空演化特征与提升策略——基于江苏省的实证分析 [J]. 现代经济探讨, 2014 (07): 44 – 48.

[6] 曹阳. 产业价值链在县域产业发展中的特色效应显示——兼论民族县域特色资源价值实现 [J]. 北方民族大学学报 (哲学社会科学版), 2011 (05): 69 – 74.

[7] 曹执令. 湖南省区域农业竞争力比较研究 [J]. 经济地理, 2012, 32 (02): 139 – 142.

[8] 陈卫平, 赵彦云. 中国区域农业竞争力评价与分析——农业产业竞争力综合评价方法及其应用 [J]. 管理世界, 2005 (03): 85 – 93.

[9] 陈卫平. 农业国际竞争力: 一个理论分析框架 [J]. 上海经济研究, 2002 (06): 18 – 22.

[10] 陈志峰, 张伟利, 严小燕, 刘宇峰, 曾玉荣. 福建省县域茶叶产业竞争力分析与优化布局 [J]. 经济地理, 2017, 37 (12): 145 – 152.

[11] 崔登峰, 黎淑美. 特色农产品顾客感知价值对顾客购买行为倾向的影响研究——基于多群组结构方程模型 [J]. 农业技术经济, 2018 (12): 119 – 129.

[12] 代文彬, 慕静, 周欢. 中国城市食品消费者的社会责任消费——消费者权力的视角 [J]. 商业研究, 2019 (02): 10 – 17.

[13] 戴孝悌. 中国农业产业价值链现状、问题与对策分析 [J]. 农业经济, 2016 (01): 6 – 8.

[14] 邓新明, 田志龙. 中国情景下企业伦理行为的消费者响应研究 [J]. 中国软科学, 2011 (02): 132 – 153.

[15] 杜辉, 胡振虎. 中国农村人口转移、农业国际竞争力与惠农政策调整 [J]. 农村经济, 2017 (11): 12 – 18.

[16] 杜丽群, 姚超, 胡涛. 从江苏沭阳产业集群看县域经济社会的发展 [J]. 现代经济探讨, 2015 (04): 73 – 77.

[17] 杜文忠, 唐贵伍. 西部地区县域特色产业发展对策研究

[J]．重庆大学学报（社会科学版），2010，16（03）：1-6．

[18] 杜晓镔．打造农产品区域品牌：以地理标志为依托的思考 [J]．学习与实践，2020（08）：48-55．

[19] 杜云飞．县域农业产业创新网络与创新绩效关系研究 [D]．天津：河北工业大学，2015．

[20] 范秀成，罗海成．基于顾客感知价值的服务企业竞争力探析 [J]．南开管理评论，2003，6（06）：41-45．

[21] 费威，杜晓镔．打造农产品区域品牌：以地理标志为依托的思考 [J]．学习与实践，2020（08）：48-55．

[22] 冯子迅，王贺．德宏特色农业产业发展的思考 [J]．思想战线，2013，39（S1）：114-115．

[23] 符平，高博．创新网络、创新平台与特色农业发展——汀市小龙虾产业个案分析 [J]．求索，2017（10）：99-107．

[24] 付豪，赵翠萍，程传兴．区块链嵌入、约束打破与农业产业链治理 [J]．农业经济问题，2019（12）：108-117．

[25] 付文飙，李文华．我国责任消费研究 [J]．山西财经大学学报，2019，41（S02）：1-5．

[26] 傅国华，张晖，张德生．我国天然橡胶"走出去"战略与空间产业链模式的构建 [J]．农业现代化研究，2012，33（06）：713-716．

[27] 高晓光．探究西藏特色产业体系构成与发展层次 [J]．西藏民族大学学报（哲学社会科学版），2018，39（04）：100-105．

[28] 葛干忠．中国现代农业产业竞争力比较研究 [J]．湖南科技大学学报（社会科学版），2013，16（01）：128-131．

［29］谷洪波，吴闯．我国中部六省农业高质量发展评价研究［J］．云南农业大学学报（社会科学），2019，13（06）：74－82．

［30］郭京福，毛海军．民族地区特色产业论［M］．北京：民族出版社，2006．

［31］郭京福．产业竞争力研究［J］．经济论坛，2004（14）：32－33．

［32］韩振兴，刘宗志，常向阳．山西省特色农业产业集群集中度和竞争力分析——以运城苹果，朔州羊肉，晋城大豆为例［J］．中国农业资源与区划，2018，39（11）：94－104．

［33］何春林．湛江特色农业发展研究［M］．北京：中国农业出版社，2006．

［34］何红光，宋林，李光勤．中国农业经济增长质量的时空差异研究［J］．经济学家，2017（07）：87－97．

［35］何志星．论"弯道超车"与后发优势［J］．经济学家，2010（07）：22－27．

［36］侯彦明，郭振．农业竞争力评价方法及实证［J］．统计与决策，2016（12）：59－61．

［37］胡继亮，陈瑶．精准扶贫之特色产业培育探析——以秦巴山区竹溪县为例［J］．中南民族大学学报（人文社会科学版），2018，38（04）：166－170．

［38］胡平波．江西省特色农业产业集群发展动力因素的实证［J］．华东经济管理，2011，25（07）：19－22．

［39］黄毅，王一鸣．金融科技研究与评估2018全球系统重要性银行金融科技指数［M］．北京：中国发展出版社，2018．

［40］加尔布雷斯．丰裕社会［M］．上海：上海人民出版社，1965.

［41］江泽民．全面建设小康社会，开创中国特色社会主义事业新局面［N］．人民日报，2002 – 11 – 18.

［42］蒋辉刘，兆阳．贫困地区特色农业规模经营意愿的影响因素研究——微观农户视角的分析［J］．中南民族大学学报（人文社会科学版），2016，36（02）：106 – 111.

［43］金碚．关于"高质量发展"的经济学研究［J］．中国工业经济，2018（04）：5 – 18.

［44］金碚．竞争力经济学［M］．广州：广东经济出版社，2003.

［45］靳明，周亮亮．绿色农产品原产地效应与品牌策略初探［J］．财经论丛（浙江财经学院学报），2006（04）：84 – 90.

［46］孔令刚．推进特色农业产业集聚发展的 10 条建议［J］．重庆社会科学，2012（05）：99 – 100.

［47］黎杰松，李键江．乡村振兴视域下民族地区特色产业高质量发展研究［J］．学术交流，2021（09）：96 – 109.

［48］李道和，叶丽红，陈江华．政府行为、内外部环境与农产品区域公用品牌整合绩效——以江西省为例［J］．农业技术经济，2020（08）：130 – 142.

［49］李双元．青藏高原特色农业国际竞争力影响因素的新制度经济学分析［J］．经济问题探索，2009（02）：29 – 33.

［50］李文祥．县域经济论［M］．兰州：兰州大学出版社，2005.

［51］厉以宁，林毅夫，周其仁，等．读懂中国改革：新一轮改革的战略和路线图［M］．北京：中信出版社，2014．

［52］林崇德，杨治良，黄希庭．心理学大辞典［M］．上海：上海教育出版社，2003．

［53］林毅夫，塞勒斯汀·孟加．战胜命运：跨越贫困陷阱，创造经济奇迹［M］．北京：北京大学出版社，2017．

［54］林毅夫．新结构经济学：反思经济发展与政策的理论框架［M］．北京：北京大学出版社，2012．

［55］刘成玉．对特色农业、产业化经营与农业竞争力的理论分析［J］．农业技术经济，2003（04）：1－5．

［56］刘春香．比较优势与竞争优势相结合：农业国际竞争力的分析框架［J］．农村经济，2006（05）：26－28．

［57］刘蓝予，周黎安．县域特色产业崛起中的"官场＋市场"互动——以洛川苹果产业为例［J］．公共管理学报，2020，17（2）：13．

［58］刘议蔚，王玉斌．消费者特色农产品感知价值，满意度与行为意向——基于山东及河北城镇居民驴肉消费调查［J］．中国农业大学学报，2021，26（05）：232－244．

［59］刘友金．产业集群竞争力评价量化模型研究——GEM模型解析与GEMN模型构建［J］．中国软科学，2007（09）：104－110，124．

［60］刘玉，唐秀美，潘瑜春．基于产业结构视角的县域农业增长空间特征研究［J］．自然资源学报，2018．

［61］卢凤君，赵大晖，刘晓峰．我国涉农产业链发展的阶段

差异性特征及其启示 [J]. 华东经济管理, 2006 (06): 43 – 46.

[62] 卢仕仁. 构建特色农产品溯源制度助力乡村产业振兴 [J]. 农村工作通讯, 2020 (17): 17 – 19.

[63] 罗辑. 区域产业竞争力研究: 理论与实践 [M]. 北京: 科学出版社, 2009.

[64] 罗佳丽, 杨海娟, 王欢, 侯日望. 基于农户生产效率视角的特色农业经营模式比较研究——以西安市为例 [J]. 干旱区资源与环境, 2017, 31 (12): 64 – 70.

[65] 马楠. 民族地区特色产业精准扶贫研究——以中药材开发产业为例 [J]. 中南民族大学学报 (人文社会科学版), 2016, 36 (01): 128 – 132.

[66] 迈克尔·波特. 国家竞争优势 [M]. 李明轩, 邱如美, 译. 北京: 中信出版社, 2012.

[67] 孟炯. 非对称信息下企业产品质量信号博弈分析 [J]. 商业时代, 2009 (16): 45.

[68] 米婧. 特色农业产业核心竞争力及其评估模型的构建 [J]. 邵阳学院学报 (社会科学版), 2013, 12 (01): 59 – 62.

[69] 裴长洪, 王镭. 试论国际竞争力的理论概念与分析方法 [J]. 中国工业经济, 2002 (04): 41 – 45.

[70] 彭成圆. 西部地区特色农业标准化发展研究——基于制度变迁视角的实证分析 [J]. 贵州社会科学, 2015 (06): 164 – 168.

[71] 任娜娜. 临县县域农业发展研究 [D]. 太原: 山西农业大学, 2017.

[72] 任修霞. 特色农业发展机制研究 [D]. 长沙: 湖南农业大学, 2013.

[73] 芮明杰. 产业竞争力的"新钻石模型" [J]. 社会科学, 2006 (04): 68 – 73.

[74] 尚杰, 吉雪强. 区块链应用下生态农产品供应链优化 [J]. 华南农业大学学报 (社会科学版), 2020, 19 (04): 67 – 75.

[75] 宋洪远, 赵海. 中国新型农业经营主体发展研究 [M]. 北京: 中国金融出版社, 2015.

[76] 苏航. 农产品竞争力与农业竞争力的内涵界定 [J]. 经济论坛, 2005 (24): 125 – 127.

[77] [日] 速水佑次郎, [日] 神门善久. 农业经济论新版 [M]. 沈金虎, 等译. 北京: 中国农业出版社, 2003.

[78] 孙翠兰. 区域经济学教程 [M]. 北京: 北京大学出版社, 2008.

[79] 唐仁健. 从根本上提升我国农业竞争力——中国农业应对 WTO 的宏观思考 [J]. 农业经济问题, 2001 (01): 25 – 34.

[80] 田川颐. 贵州省白旗村韭黄产业实证研究——兼论产业政策法制化对民族地区特色产业的促进 [J]. 贵州民族研究, 2019, 40 (11): 130 – 135.

[81] 仝海芳, 李艳军, 黄庆节. 根脉诉求与产品类型的交互作用对消费者地理标志产品购买意愿的影响 [J]. 农业现代化研究, 2020, 41 (02): 361 – 368.

[82] 佟光霁, 孙纲. 中国县域农业现代化的多维路径 [J]. 学术交流, 2016 (07): 110 – 115.

［83］童洪志．扶贫政策影响下农户特色产业规模经营决策研究［J］．经济与管理，2019，33（05）：27－35．

［84］［美］托达罗．经济发展与第三世界［M］．印金强，等译．北京：中国经济出版社，1992．

［85］万宝瑞．加快提高我国农业竞争力的思考［J］．农业经济问题，2016，37（04）：4－8．

［86］王东生．基于集群式供应链的关中——天水经济区特色农业产业优化研究［J］．科技进步与对策，2012，29（10）：33－35．

［87］王美英．凉山彝区特色产业精准扶贫实践经验——以会理县特色烤烟产业助力精准脱贫为例［J］．民族学刊，2018，9（06）：18－23，101－102．

［88］王伶．湖北省区域农业竞争力的因子—聚类分析——基于湖北省17市（州、区）的样本数据［J］．湖北社会科学，2015（11）：72－76．

［89］王琴梅，曹琼．丝绸之路经济带特色产业集群发展的影响因素研究——以甘肃省定西市马铃薯产业集群为例［J］．北京化工大学学报（社会科学版），2016（04）：1－8．

［90］王啸宇．河北省县域农业发展问题及路径研究［D］．秦皇岛：燕山大学，2017．

［91］魏霖静，陈蕾，窦学诚．基于物联网视角的兰州特色农业产业链竞争力提升路径研究［J］．农村经济与科技，2016，27（12）：87－88．

［92］魏昭明．优势原理与发展西部特色县域经济［J］．探索，2004（06）：123－125．

[93] 文理，费甁，程先东，潘学文．特色农业产业纵向一体化的选择——应用 GAHP 方法对"肥西老母鸡"企业的实证分析 [J]．农业技术经济，2009（03）：94－99．

[94] 文卫，郭进莲，罗刚平．欠发达地区农业产业集群发展与县域经济增长的实证分析——以山西省绛县山楂产业为例 [J]．财会研究，2010（23）：75－77．

[95] 翁鸣，陈劲松．中国农业竞争力研究 [M]．北京：中国农业出版社，2003．

[96] 翁胜斌，李勇．农产品区域品牌生态系统的成长性研究 [J]．农业技术经济，2016（02）：113－119．

[97] 吴敬琏，厉以宁，郑永年．读懂供给侧改革 [M]．北京：中信出版集团，2016．

[98] 吴娜琳．特色农业产业区的形成过程与机制研究 [D]．河南大学，2014．

[99] 吴群．乡村振兴视域下农业创新发展的主要方向及对策研究 [J]．经济纵横，2018（10）：67－72．

[100] 武永红，范秀成．基于顾客价值的企业竞争力理论的整合 [J]．经济科学，2005（01）：100－108．

[101] 西奥多·舒尔茨．改造传统农业 [M]．北京：商务印书馆，2006．

[102] [西班牙] 哈维尔·桑切斯·拉米拉斯．情感驱动人们愿意为情感支付额外的费用 [M]．北京：中信出版社，2018．

[103] 肖媛．基于资源禀赋的县域特色经济研究 [J]．南京社会科学，2006（05）：40－46．

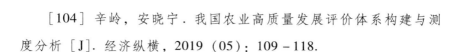

[104] 辛岭，安晓宁 . 我国农业高质量发展评价体系构建与测度分析 [J]. 经济纵横，2019（05）：109 - 118.

[105] 熊英，马海燕，刘义胜 . 全球价值链、租金来源与解释局限——全球价值链理论新近发展的研究综述 [J]. 管理评论，2010，22（12）：120 - 125.

[106] 徐明 . 乡村振兴战略背景下吉林省农产品区域品牌培育路径 [J]. 税务与经济，2019（06）：106 - 110.

[107] 徐秀英，石道金，李兰英，费喜敏 . 特色农业发展的重要途径：组织化 + 标准化 + 品牌化——以浙江台州柑橘产业为例 [J]. 农业经济问题，2009，30（06）：46 - 49.

[108] 严小燕，陈志峰，刘宇峰，曾玉荣 . 供给侧改革下的福建优势特色渔业竞争力评价与空间布局优化 [J]. 中国农业资源与区划，2017，38（12）：205 - 215.

[109] 杨惠芳 . 基于钻石模型的地方特色产业发展研究——以浙江嘉兴蜗牛产业为例 [J]. 农业经济问题，2017（3）：96 - 101.

[110] 杨佳利 . 农产品区域品牌对消费者感知质量的影响——以消费者产品知识、介入度和来源地为调节变量 [J]. 湖南农业大学学报（社会科学版），2017，18（01）：15 - 22.

[111] 杨军 . 基于钻石模型的食用菌产业扶贫潜力分析与思考 [J]. 中国农业资源与区划，2019，40（04）：34 - 39.

[112] 杨恺，尚旭东，贾志军，陈少飞 . 产业视角下环京津山区贫困县农业品牌建设路径研究——以张家口市崇礼区为例 [J]. 中国农业资源与区划，2019，40（04）：28 - 33.

[113] 杨启智，聂静 . 农业特色优势产业竞争力研究——以都

江堰市猕猴桃产业为例［J］. 农村经济，2012（06）：57－60.

[114] 杨晓军. 全面发挥县域经济对乡村振兴的推动作用［J］. 国家治理，2018，211（43）：39－43.

[115] 杨晓燕，周懿瑾. 绿色价值：顾客感知价值的新维度［J］. 中国工业经济，2006（07）：110－116.

[116] 姚爱萍. 中国省域农业竞争力测度及分析——指标体系构建及其相关关系研究［J］. 农村经济，2017（06）：69－75.

[117] 易开刚，黄慧丹. 平台经济视阈下社会责任消费行为意向驱动因素研究［J］. 商业经济与管理，2020，40（11）：50－62.

[118] 游士兵，肖加元. 农业竞争力的测度及实证研究［J］. 中国软科学，2005（07）：147－152.

[119] 于辉，邓杰. 零售商股权融资的供应链契约结构分析［J］. 中国管理科学，2019，27（03）：41－52.

[120] 于丽娜，张国锋，贾敬敦，等. 基于区块链技术的现代农产品供应链［J］. 农业机械学报，2017，48（S1）：387－393.

[121] 余丽霞，张志英. 四川省优势特色农业产业发展研究［J］. 农村经济，2010（11）：41－44.

[122] 余子鹏，王今朝. 科技投入、结构演变与我国农业国际竞争力［J］. 国际贸易问题，2014（11）：72－79.

[123] 袁久和，祁春节. 西部特色农业产业化进程中农民经济合作组织成长研究［J］. 河南大学学报（社会科学版），2011，51（05）：60－66.

[124] 约翰·梅尔. 农业经济发展学［M］. 何宝玉，王华，等译. 北京：农村读物出版社，1988.

[125] 张爱国，翟进进，杜云飞，张世胜. 我国县域农业特色产业创新与循环经济发展模式研究 [J]. 农业经济，2011 (05)：47－48，61.

[126] 张程. 以特色产业推进农村扶贫 [J]. 人民论坛，2018 (33)：86－87.

[127] 张传统，陆娟. 农产品区域品牌购买意愿影响因素研究 [J]. 软科学，2014，28 (10)：96－99，116.

[128] 张国政，彭承玉，张芳芳. 农产品顾客感知价值及其对购买意愿的影响——基于认证农产品的实证分析 [J]. 湖南农业大学学报：社会科学版，2017，18 (02)：24－28.

[129] 张敬，李风华，魏旭光. 供应链治理模式选择的理论溯源与研究展望 [J]. 管理现代化，2019，39 (06)：115－120.

[130] 张林，罗乐. 县域特色产业创新三维模式及其风险研究——以广西横县茉莉花产业为例 [J]. 甘肃社会科学，2012 (06)：104－108.

[131] 张乃明，张丽，赵宏，韩云昌，段永蕙. 农业绿色发展评价指标体系的构建与应用 [J]. 生态经济，2018，34 (11)：21－24，46.

[132] 张维迎. 博弈论与信息经济学 [M]. 上海：格致出版社，2012.

[133] 张喜才，孔祥智. 中国农产品价值链变化、问题及对策研究 [J]. 农村经济，2020 (01)：8－15.

[134] 赵春明. 农产品竞争力分析框架初探 [J]. 生产力研究，2009 (01)：43－45，187.

［135］赵美玲，王述英．农业国际竞争力评价指标体系与评价模型研究［J］．南开经济研究，2005（06）：39 – 44.

［136］赵子龙，曾艳华，韦慧，郭栋．桂西地区特色农业产业发展对县域经济增长的影响——基于因子分析—面板数据模型的实证研究［J］．南方农业学报，2015，46（10）：1920 – 1925.

［137］郑宝华，晏铃．以农业地标品牌建设推动高原特色现代农业快速发展［J］．云南社会科学，2017（03）：80 – 86.

［138］郑会军，马文杰．基于主成分分析的农业区域竞争力评价［J］．经济评论，2009（05）：81 – 86.

［139］郑琼娥，许安心，范水生．福建农产品区域品牌发展的对策研究［J］．福建论坛（人文社会科学版），2018（10）：197 – 202.

［140］新华社．中共中央国务院关于加大改革创新力度加快农业现代化建设的若干意见［EB/OL］.（2015 – 02 – 01）［2022 – 05 – 12］.http：//www. gov. cn/gongbao/content/2015/content ＿ 2818447. htm.

［141］钟钰．向高质量发展阶段迈进的农业发展导向［J］．中州学刊，2018，257（05）：46 – 50.

［142］周志霞．基于碳锁定的山东省特色农业集群创新模式与优化路径研究［J］．宏观经济管理，2017（S1）：14 – 15.

［143］朱侃，韩国明，黄雪松，张江朋．中国西部地区农业竞争力的比较分析［J］．地域研究与开发，2019，38（02）：147 – 152.

［144］朱先奇．县域经济核心竞争力的提升［M］．太原：山西

人民出版社，2003.

[145] 庄丽娟. 比较优势、竞争优势与农业国际竞争力分析框架 [J]. 农业经济问题，2004（03）：59-61.

[146] Ahmad R. Benefit segmentation: A potentially useful technique of segmenting and targeting older consumers [J]. International Journal of Market Research，2003，45：373-373.

[147] Ajzen I，Fishbein M. Attitude-behavior relations: A theoretical analysis and review of empirical research [J]. Psychological bulletin，1977，84（05）：888.

[148] Baldwin R E，Krugman P. Agglomeration，integration and tax harmonisation [J]. European Economic Review，2004（1）：48.

[149] Bergstrom J C. Preserving multifunctional agriculture: Discussion [J]. American Journal of Agricultural Economics，2009，91（5）：1375-1376.

[150] Bettina A. Lorenz，Monika Hartmann，Johannes Simons. Impacts from region-of-origin lab eling on consumer product perception and purchasing intention-Causal relationships in a TPB based model [J]. Food Quality and Preference，2015，45.

[151] Bingsheng K. Improving competitiveness of agricultural products in China: Concept and policies [J]. ISSUES IN AGRICULTURAL ECONOMY，2003，24（2；ISSU278）：34-39.

[152] Bowler I R. Regional specialisation in the agricultural industry [J]. Journal of Agricultural Economics，1981，32（1）：43-54.

[153] Cheverton P. Key marketing skills: Strategies, tools and

techniques for marketing success [M]. Kogan Page Publishers, 2005.

[154] Cho T, Moon H C. From adam smith to michael porter: Evolution of competitivenes theory (Asia – Pacific Business Series; Vol. 2) [M]. World Scientific, 2001.

[155] Cronin Jr J J, Brady M K, Hult G T M. Assessing the effects of quality, value, and cu stomer satisfaction on consumer behavioral intentions in service environments [J]. Journal of retailing, 2000, 76 (02): 193 – 218.

[156] Dixit A K, Stiglitz J E. Monopolistic competition and optimum product diversity [J]. The Warwick Economics Research Paper Series (TWERPS), 1975, 67 (03): 297 – 308.

[157] Dohlman E, Osborne S, Lohmar B. Dynamics of agricultural competitiveness: Policy lessons from abroad [R]. 2003.

[158] Eom Y S. Pesticide residue risk and food safety valuation: A random utility approach [J]. American Journal of Agricultural Economics, 1994, 76 (04): 760 – 771.

[159] Fishbein M, Ajzen I. Belief, attitude, intention, and behavior: An introduction to theory and research [J]. Philosophy and Rhetoric, 1977, 41 (04): 842 – 844.

[160] Floriańczyk Z, Czapiewski K, Stawicka E. New paradigm of rural development – new chall enges for extension services [J]. Rural Areas and Development, 2009, 6: 275.

[161] Fuller S, Yu T H, Fellin L. Transportation developments in South America and their effect on international agricultural competitiveness

[J]. Transportation research record, 2003, 1820 (01): 62 - 68.

[162] Gopinath M, Arnade C, Shane M, et al. Agricultural competitiveness: The case of the United States and major EU countries [J]. Agricultural Economics, 1997, 16 (02): 99 - 109.

[163] Gopinath M, Kennedy P L. Agricultural trade and productivity growth: A state - level analysis [J]. American Journal of Agricultural Economics, 2000, 82 (05): 1213 - 1218.

[164] Gorton M, Davidova S, Ratinger T. The competitiveness of agriculture in Bulgaria and the Czech Republic vis - à - vis the European Union (CEEC and EU Agricultural Competitiveness) [J]. Comparative Economic Studies, 2000, 42 (01): 59 - 86.

[165] Haley R I. Benefit segmentation: A decision - oriented research tool [J]. Journal of marketing, 1968, 32 (03): 30 - 35.

[166] Holbrook M B. Consumption experience, customer value and subjective personal intros pection: An illustrative photographic essay [J]. Journal of business research, 2006, 59 (06): 714 - 725.

[167] Kalaitzandonakes N G. Agrobiotechnology and competitiveness [J]. American Journal of Agricultural Economics, 2000, 82 (05): 1224 - 1233.

[168] Kjeldsenkragh S. Agricultural competitiveness [M]. The Economic Impact of Public Support to Agriculture, 2000.

[169] Kong H Z, Kong Q S. Comprehensive evaluation index system of county characteristic industrial cluster based on analytic hierarchy process [C]. International Conference on Machine Learning & Cybernet-

ics，2010.

［170］Kotler P，Levy S J. Broadening the concept of marketing
［J］. Journal of marketing，1969，33（01）：10 – 15.

［171］Latruffe L. Competitiveness，productivity and efficiency in the
agricultural and agri – food sectors ［J］. OECD Food，Agriculture and
Fisheries Working Papers，No. 30，OECD Publishing，2010：63 – 69.

［172］Liu S. Notice of Retraction Study on the Formation Mecha-
nisms of Ganzhou Navel Orange Characteristic Industrial Cluster Based on
Organizational Ecology ［C］. International Conference on E – business &
E – government，2010.

［173］Matošková D，Gálik J. Selected aspects of the internal and
external competitiveness of Slovak agricultural and food products ［J］. Ag-
ricultural Economics – Czech，2009，55：84 – 93.

［174］Mosoma K. Agricultural competitiveness and supply chain in-
tegration：South Africa ［J］. Argentina and Australia. Agrekon，2004，
43（01）：132 – 144.

［175］Nowakunda K，Ngambeki D，Tushemereirwe W. Increasing
small – scale farmers' competitiveness in banana（musa spp. ）production
and marketing ［J］. Acta Horticulturae，2010（879）：759 – 766.

［176］Nyoro J K，Wanzala M，Awour T. Increasing kenya's agri-
cultural competitiveness：Farm level issues ［R］. 2001.

［177］Peter J P，Olson J C，Grunert K G. Consumer behaviour
and marketing strategy ［M］. London，UK：McGraw – hill，1999.

［178］Poter M. Competetitive Advantage of Nations ［M］. The com-

petitive advantage of nations. Free press, 1990: 43.

[179] Rayport J F, Sviokla J J. Exploiting the virtual value chain [J]. Harvard business review, 1995, 73 (06): 75.

[180] Robert D. Schooler. Product Bias in the Central American Common Market [J]. Journal of Marketing Research, 1965, 2 (04): 394 – 397.

[181] Rosenfeld S A. Creating Smart Systems: A guide to cluster strategies in less favoured regions [M]. Carrboro, North Carolina: Regional Technology Strategies, 2002.

[182] Sassi M. Agricultural convergence and competitiveness in the EU – 15 regions [R]. 2006.

[183] Seenuankaew U, Vongprasert C. Information behaviors in value adding of farmers' production and marketing in Thailand [J]. New Library World, 2015, 116 (3/4): 227 – 242.

[184] Sheth J N, Newman B I, Gross B L. Why we buy what we buy: A theory of consumption values [J]. Journal of business research, 1991, 22 (02): 159 – 170.

[185] Slywotzky A J, Morrison D J, Andelman B. The profit zone: How strategic business design will lead you to tomorrow's profits [M]. Crown Business, 2007.

[186] Sweeney J C, Soutar G N. Consumer perceived value: The development of a multiple item scale [J]. Journal of retailing, 2001, 77 (02): 203 – 220.

[187] Taylor G A, Neslin S A. The current and future sales impact

of a retail frequency rew ard program ［J］. Journal of Retailing, 2005, 81 (04): 293 – 305.

［188］Troskie D P, Mathijs E, Vink N. Characteristics of the agricultural sector of the 21st century ［J］. Agrekon, 2000, 39 (04): 586 – 596.

［189］Van der Ploeg J D, Roep D. Multifunctionality and rural development: the actual situation in Europe ［J］. Multifunctional agriculture: A new paradigm for European agriculture and rural development, 2003, 3: 37 – 54.

［190］Van Huylenbroeck G, Durand G. Multifunctional agriculture: A new paradigm for European agriculture and rural development ［M］. Ashgate Publishing, 2003.

［191］Webster Jr F E. Determining the characteristics of the socially conscious consumer ［J］. Journal of consumer research, 1975, 2 (03): 188 – 196.

［192］Woodruff R B. Customer value: The next source for competitive advantage ［J］. Journal of the academy of marketing science, 1997, 25 (02): 139 – 153.

［193］Yang M, Bai R. Study on the Relationship Between Agricultural Mechanization and Agricultural International Competitiveness ［J］. Chinese Agriculture Mechanization, 2004 (06): 3 – 9.

［194］Zeithaml V A. Consumer perceptions of price, quality, and value: A means – end model and synthesis of evidence ［J］. Journal of marketing, 1988, 52 (03): 2 – 22.